WAC BUNKO

髙橋洋一のファクトチェック2025年版

フェイクとおバカの見分け方

髙橋

WAC

髙橋洋一のファクトチェック2025年版 フェイクとおバカの見分け方

目次

第1章

第4章 中国問題編 日本をさらに浸食する中国

第5章 メディア編 ネットに押されるオールドメディアの現実

編集協力／増澤健太郎
装幀／須川貴弘（WAC装幀室）

第1章

国内政治編

少数与党×財務省＝ホップ・ステップ・大増税！

埼玉陥没事故は国交省と財務省の責任だ！緊縮政策で事故は続出する！

――埼玉県八潮市で2025年1月28日に起こった道路陥没事故、国土交通省の割引率のせいではないかと髙橋さんはおっしゃっていますが……。

私しか言っていない。現場を見ると、下水道管がちょっと曲がっている。曲がっているところには水圧がずっと当たるから、耐用年数が来たりすると穴が開く可能性がある。耐用年数を考えると、あそこの下水道管は恐らく40年以上たっているレベル。リプレースメント（更新）が必要な時だ。40年、50年経ったら一回全部掘り出して、新しいものにしないとダメなんだよ。

――それはそうですよね。

下水道の公共投資は、具体的には地方公共団体がやる。あそこの場合、春日部市とか三郷市とか、さいたま市も少し入っているが、現場の八潮市も含め、周辺の広域の下水道をいっしょに処理するインフラを作る企業を作って行うのが普通だ。

こうしたところにも、公共投資を、本当はしていかなければいけない。

1つの公共投資をする時の判断基準として、「B by C」（ビー・バイ・シー）、つまりB÷Cがある。Bはベネフィット、Cはコスト。利益をコストで割るという意味だが、これが1より大きくなければいけない。ここで将来の便益を計算するとき、割引率で割り引かなければいけないが、割引率が大きいと将来の便益は小さくなってしまう。

特に便益を計算する際の割引率の金利を「社会的割引率」と言う。これから何度も指摘するが、今4％になっている。ということは、社会的な収益が4％出ないとそこに投資してはいけないということになるから、非常にきつい。

そうすると、社会的割引率が大きい時には更新投資をせず、部分的な修繕などに走りがちになる。だから本当は社会的割引率を下げるべきなんだ。下水道管を全部入れ替えて新しくする際は、地方公営企業債という地方債を出して行うのが普通だが、それをあまりしていなかったのではないかというのが私の印象。

これはすごく本質的な話だが、あの事故について今後原因の究明などでは、多分「下水道管が曲がっていたから」だとか、いろいろなことが言われると思う。だが、本質はそんなことではないと思う。下水道管にも耐用年数が来ていて、どんどん入れ替えないとだめだということ。

こういう話は、橋や高速道路など他のいろいろな社会インフラにもあてはまる。社会的割引率が高すぎて、これらにも修繕や更新のための公共投資があまりできていない。

実は社会的割引率は20年以上前、私が国交省にいた時に決めた話で、私も４％と決めた当事者の１人。なぜそうかと言うと、その時「髙橋さん、割引率どうすればいいかな？」と聞かれたから、「国債の金利でしょう？」と言ったわけ。国債金利がその時４％だったから、４だと言っただけだ。その時ついでに、「他の国はみんな、毎年金利が変化するごとに見直しますよ」と言ったけれど、そのまま全然直さないで４％のままなんだ。その後国債金利がずっと下がったのに４％のままにしていたから、結果的に公共投資がどんどん過小になってしまった。社会的割引率は政府内金利だが、それが高すぎるために公共投資をきちんとできなかった、というのが私の結論。

――地方自治体も、その社会的割引率の数字を引っ張ってくる？

全く同じにしている。国の制度と連動しているから、地方自治体が独自にやるわけにはいかないと思う。逆に国交省が変えれば全地方自治体も変わるのだろうが。

私はこのことに途中で気がついたから、安倍さんの時に言ったんだ。そうしたら、国交省の一番の張本人、嘘つきみたいなやつがいて、そいつが事務次官だったけれど、安倍政権で外に出したの。それでも岸田政権になって戻ってきてしまった。今は政権中枢幹部にいるから、びっくりしたよ。

――安倍政権時代でも、4％を下げられなかったんですね？

そいつを外に出して作業をしようと思ったけれど、結果的には嘘みたいな、「やります、やります」という「やるやる詐欺」に引っかかってしまった。もう本当に呆れてしまったけれど、そういうことがあった。だから今、八潮市のような事故が全国各地に起こり得る。

――埼玉だけではない？

そう思う。40年、50年と年数が経っているものがあるから、いつ何時、管にボコッと穴が空いて、水が漏れて下の土砂が流出し道路が陥没するかもしれない。

――一方で、高速道路が割と修繕しているのは、民間になったからということ？

ある程度はそう。単純に見えやすいということもある。高速道路は外から目に見えるけれど、地下はなかなかわからない。わからないからこそ、ある耐用年数が来たら、機械的に全部掘り返して入れ替えたほうがいいのだが。

――今後これを、国会で問題にしてくれるんでしょうか？

一時、渡辺喜美さんがこれをすごく問題視していて、ついこの間もまだ言っていた。松原仁さんも時々言っていた。私は先日あるネット番組に出たけれど、そこでNHK党の浜田聡さんにも言っておいた。そうしたら浜田さん、渡辺さんが言っていた話をよく知っていた。皆さんどんどん発言して、国会でもこの問題を追及してもらいたい。

――社会的割引率は、別に法律がどうのこうの、という話ではない？

全く。国交省が1％にすると言えばそれっきり。そうすれば公共投資は多分3倍くらいになるだろうけれど、私はそれでいいではないかと思う。でも、財務省にとっては不都合らしいから。

――国交省は、本当は公共投資をやってほしいわけですよね？

土木学会なんかの人からは、「髙橋さんよく言ってくれました」なんてよく言われるけれど、本当は学会の人たちこそが言う話であって、私が言うことではないでしょうと年中言っている。

こういうことを真面目な人ほど言うけれど、国交省の幹部の方は、財務省とつるんでいるのではないか。そこで抑制的になっている。

――首根っこを押さえられているっていることですか。国交省にがんばってほしいですが。

情けない話だ。本当は「正義のミカタ」で年中私の隣にいる人（藤井聡氏）が、もっと声高に言ったほうがいいんじゃないかと私も言っているんだけれど。

――今思うと、民主党政権の「コンクリートから人へ」と言っていた時期がいけなかったんですか？

あの時期と一緒になっている。本当は「コンクリートも人も」なのだが。でも社会的割引率くらい、国債金利に応じて上げ下げすればいいだけの話。普通の国は、毎年国債金利とともに変えている。それだけのこと。

――それだけのことなら、やってほしいですね。

（２０２５年２月５日）

選択的夫婦別姓、子供は賛成16％反対49％、なのになぜ進める！

――産経新聞（2025年1月1日）に、「選択的夫婦別姓、『賛成』16％、『反対』49％　小中生2000人調査・質問と回答」という記事がありまして、髙橋さんもポストされていましたが……。

これは元旦の記事で、なかなか面白いニュースを持ってきたなと思っていたら、朝日新聞が誘導的だと批判してきた。

朝日は、選択的夫婦別姓に賛成だという3、4人の子どもを選んで、まるで仕込んだような記事を出していたけれど、それに比べれば、2000人調べているのはとてもいいこと。朝日のほうがよほど誘導的だ。

この話、誰が当事者なのか、誰に対して「選択的」なのかというと、実は「夫婦」が姓氏を選択できるという意味だ。子どもから見ると、はっきり言えば「強制的家族別姓」ということになる。だから、強制的になる子どもも、当事者である子どもを調べることにはすごく意味がある。他の人がとやかく言うより、とにかく当事者がどう思うかということに尽きると思う。

これに対して、立民の野田佳彦代表が「16％も賛成がいるからやるんだ」と、面白いことを言っていた。49％も反対しているのは無視するというのだろうか。

子どもにとっては特に強制的な話だから、子どもがどう思っているかは重要な話。半分も反対なのに、「16％も賛成がいるからいい」とは、ちょっとわけがわからないね。

立民の法案を見ると、両親が子の姓を選べることになっている。一方で両親では選べなかった場合どうなるかというと、最後は裁判所が決めるという案だ。

普通に考えたら疑問を感じると思う。例えば子どもの下の名前を誰が決めるかと言うと、当然両親だ。ここで、もしも両親で話が合わないなら裁判所が決めると言われたらびっくりする。子どもの名前ぐらいは両親で決めるだろう。そんな話を裁判所に持って来られても困る。姓も同じで、どちらが合理的かなんて裁判所に分かりはしないのだから。まず普通の運用を考えたら、そんな制度を作っても、裁判所は「ご両親で話し合って決めてください」と言うに決まっている。

これで分かると思うけれど、日本においてこのような選択的制度にすると、いろいろな不都合が出る。

すると、すぐ「海外ではそんなことはない」と言う人がいる。海外はそうではない確たる理由は私も分からないが、理由の1つとして思い当たるのは、国によってはミドルネームがあること。

ミドルネームがあるなら、私なら子どもに髙橋ナントカ○○と、2つの苗字をつけても別に構わない。ミドルネームがあると自由度が大きくなるし、実は通称を制度化するという意味にもなる。これは大きい。しかし日本にはミドルネームがない。私の外国人の知人でも、姓を選ぶ時にミドルネームで2つ並べる人がいる。日本の場合はミドルネームがないから、通称を制度化するという普通の案になるのではないか。高市さんたちも通称が使えるように変えてきたから、それでいい。

そもそも内閣府の調査でも、今の制度のままで通称が使えればいいという人が7割だ。なのになぜ、3割の人のためにやるのか。3割ということは、左系の人たちということなんだよ。どういうことなのだろうと正直思っていたけれど、支持層に受ければいいということじゃないの。


――すると野田さんは「3割もいる、だから変える」と言うのでは？


でも、子どもは16％しかいない。少数派のさらに半分だ。賛成が少なすぎる。

法律を出す時には立法事実というものがあって、改正しないと多くの人が不都合だということを示さないといけない。ごく一部の人の意見だけ、誰かの声が大きいからといって変えるわけにはいかない。

これ、場合によっては子どもの人権をないがしろにしているという言い方もできる。なぜなら子どもの半分は嫌だと言っているのだから。16％でいいだろう、という理屈はおかしい。大人でも3割しかいないのに、これで法律を変えなければいけないと主張する人は、ちょっと私はわからない。

問題視をあえてするのは別の理由もある。左系の政党、要するに立民が法案を出しているが、残りの野党はというと、国民民主は賛成、維新はどちらになびくかわからないけれど、共産党も賛成。立民以下野党みんな賛成、公明も賛成となると、自民党をそちら側に持っていけば、大連立というか、大きな固まりになりうる。

だから財務省なんか、結構これをホップ・ステップ・ジャンプのホップとして狙っているのではないか。ステップ、ジャンプとは増税のことだが、ホップとして野党と与党の全部が賛成する案件に仕立てたい。それで結果的に予算も各党に協力させ、もちろん立民は最後に落としてしまう。そんな手を使いがちだ。

立民はそれが分かっているから、自分のところで選択的夫婦別姓の法案を出した。与党がそれを飲めば立民の成果になる。まあ賛成しているのは子ども16％、大人3割、そこはほとんど自分の支持者だけれど。そもそもこの16％というのは、多分親が3割の賛成側なのだと思う。そういう人に向けての話に持っていきたいのでは。

これだけにとどまらずに、恐らく財務省が、少数与党の中で、立民はじめ野党が予算に賛成するようなテコに使いたいのではないかと邪推してしまう。

――ネットでよく出ている意見ですと、この話、外国人がロンダリングのように元々の名前を分からないようにできる、と言う人がいるそうですが……。

こういう風に変えていけば、日本の戸籍がだんだんわかりにくくなっていくのは事実だ。今だと外国の人は通名を使っている場合があるけれど、それがだんだんわかりにくくなっていくのは一面の真実ではある。

だから、そういう話をなるべく分かりにくくしたい、そして日本の古来の戸籍制度を将来的にはぶっ壊していきたいという考えが背景にあるのでは？　と疑っている人は結構いる。これはあくまで選択的なのだからいいだろう、と言うけれど、子どもから見れば強制なのだから、反対する子どもは結構正直だと私は思うけれど。

それでもごり押ししたいと言われると、やはり戸籍制度までぶっ壊したいのかな、という邪推をしたくなりますね。

（2025年1月8日）

思わず本音出た石破、「夫婦別姓を予算の取引に」ってわかってないな

――選択的夫婦別姓で、石破さんが1月19日に「あまり時間が残されていない」というよ

うな話を言っていて、髙橋さんもポストしていましたが、何ですか、これ?

まさに「何だこれ?」だ。党内でどこが議論しているのかよく知らないけれど、時間が残されていないという話ではない。

そもそも選択的夫婦別姓は法律がまだ出ていない。だから「時間が残されていない」と思わずポロっとしゃべってしまったというのは、石破総理が予算案の交渉の材料に使おうという意味としか考えられない。法律自体が出ていないのに審議もクソもない。

選択的夫婦別姓は、実は法律の種類から言うと「予算非関連」の法律。だって予算に関係ないんだから。

予算非関連の法案はいつ頃出てくるかと言うと、予算が終わった後に出てくる。4月、5月。ゴールデンウィークの前くらい。

――あ、なら、まだ時間ありますね。

そもそもまだ法律が出ていないんだから。予算の交渉材料に使うつもりという内心をポロっとしゃべっちゃったとしか思えない。もう時間がない、なんて言ったらみんなびっくりする。どんな法律かとまずは思う。内閣で提案するのならある程度内容は分かるけれど、そうではないし。

この話、今言われているのは立民が提案して、それに対して自民党はどう応えるかということ。そこで立民の案に賛成を出す。するとその時に石破政権はこれで予算も賛成してくださいというバーター取引に使うのでは、と。

バーターにはなかなかならず、多分立民の方からは、もうちょっと、社会保障改革しましょうというのもついてくると思う。で、石破さんはそれを飲みましたとなって、それで結果的には選択的夫婦別姓と社会保障改革で行くのでは……というのが私の読みだった。でも、まさか今の段階でそれをポロッとしゃべるとは思わなかったね（笑）。こういうのは密かにやるものでしょう？　法案も何も出てないのに。なぜこんな話を今しているのか。石破さんって、何も知らないんだ。本当に嫌だ。

こんな話、総理は一言も言ってはだめだ。何も言わないで、「選択的夫婦別姓ですか？」と聞かれたら、「いやまあ、粛々といろいろなところで議論されています」なんて言って終わらせるのが普通だ。

この方、本当にトップに立ったらまずい人だな。安倍さんがよく言っていた、「石破はダメだよ」って。私だってわかる。こんなこと言っていたらダメに決まっている。情けなくなってしまう。私の悪い予感が当たってしまうかもしれない。

これ、選択的夫婦別姓をきっかけとして、ホップ・ステップ・ジャンプ……ステップ・ジャンプは消費増税、12％、15％だ。これは当面、社会保障改革という名の下に行われていて、全然わからない。これは少し、嫌な予感がする。

――そうすると、今は財務省側から見るとシナリオ通り、着々と……という感じ？

恐らく。とりあえず「壁」問題で国民民主と話をしているというけれど、国民は最後、ポイッと捨てる。そうなれば国民は今支持率が高いから、派手に暴れると思う。どうするかというと、２月一杯あたり時に所得税法改正などと言って「１７８万円」をぶち上げると思うけれど、でもまあポイされるだろう。

それで、維新のほうでもいろいろ言うけれど、やはりポイ。

最後は立民が賛成する。場合によってはその前に、国民、維新、そして立民の３つが本予算にそろって賛成するかもしれない。

――あ、そうなんですか？

それぞれ、ちょこちょこと餌をまけば賛成できる。そうしたら、もう少数与党でも「立派な予算だ」と言える。全然立派ではないけれど。

――その３野党がまとまって不信任案、という流れにはならない感じですか？

予算に賛成してしまったら出しにくい。不信任案は野党同士意見がバラバラであっても結構まとまりやすいけれど、かといって今、この3党で話し合って総理を誰にするか決めるのは難しい。そこをうまく分断して、ちょっと餌をあげたら3党とも賛成したとなると、不信任案は出しにくくなるかもしれない。逆に2月、3月で不信任案が出れば面白いことは面白いけれど。

でも、不信任案が可決されて解散総選挙になってしまうと、ひょっとして自民党は新体制になってしまうかもしれない。そこで岸田さん再登板とか林芳正さんが来るんだったら、立民、国民、維新もこれはこれでラッキーと思うだろうけれど、高市さんみたいな人に来られたら困ってしまうのでは。

だから3党は不信任案なんか出さないでおいて、このままズルズル行った方がいいと思っているのでは。ひょっとしたら、参院選も石破さんで戦ってくれるかもしれない。

――そして、石破さんがとち狂って衆参同日選とか言い始めるかも?

そうしたら大喜びするよ。野党から見れば石破さんのほうが与《くみ》しやすい。だからこのまま、石破政権を生かさぬように殺さぬように……という感じでやるかもしれない。そうすると石破さんが、自分は人気があると勘違いしてしまって、同日選を打ち出したりしたら、自民党は本当に全部ぶっ壊れる。

――これ、自民党の中の保守的な人たちが、まとまって党を出てくみたいなことはありえない？

出ていくことはないと思う。これは安倍さんがずっと言っていたことだが、出ていったら、やはり最終的に負けるんだ。出ていけばゼロからやらなければいけないから、ものすごく大変。それだったら自民党内で残って、固まりで戦ったほうが勝率は高い。だって、自民党を出て大成した人っていないでしょう？

――小沢一郎さんもダメでしたもんね。

結局、全部ダメなんだ。出ていってうまくいく確率はものすごく低い。だからみんな自民党の中にいて、なんだかんだ、「ガス抜き要員」だとか言われながらも中にいるのは、まあ普通のパターンだ。今まではみんなそう。

――次の選挙で自民党が本当に大敗してしまったら、それでも党を割ることはない？

大敗しても、また悪夢の民主党政権みたいに早く政権に戻れるかもしれないと思うと、それなら党の中にいたほうがいいのでは。ただ当時は民主党もちょっとひどかったから、今度は悪夢とまではならずに10年間近く立民が政権維持するということになって、その流れが確実になったら、党を出る人は出てくるかもしれないけれど。

でもまあ、立民もそこまで数がいない。今回江田憲司さんなんかは増税は嫌だといって、離党も覚悟ということで分かれるかもしれない。そうするとやはり、最終的には自民党の中にいたほうが大きな固まりになれる。

——そのへんの、立民のまともな人とか、自民党のまともな人たちが、国民民主と一緒になればいいのに……と思ってしまうんですが、なかなかそういうわけにはいかない？

一点に絞って考えればそうなれるかもしれないけれど、他にも案件や過去のしがらみがたくさんあるから。一点だけで本当にまとまれるかというと、なかなか難しい。

そういう大きな、ドラスティックな話はなかなか起こりづらい。それでまた、みんなフラストレーションをためるけれど。

そうすると、既存の政党で国民民主が一番まともに見えてしまうのは仕方ない。今すごく比例では票を集めているから、自民党内や立民でも国民民主に行く人がいるかもしれない。そちらで出るほうが通りやすいからね。

でも選挙民から見ると、年中いろいろな政党に行っている人に見えて頼りなく思われてしまう。またそういう人ばかり集まると、国民民主も烏合の衆みたいになって、魅力がなくなるもんだ。

――では国民民主は、自前の候補者をいっぱい作ることが大切ですか？

自前の候補者は、言うは易し行うは難し。だって１人で３０００万円とか、そのくらい自己資金を集めないとできないよ。それは難しい。そんなことができるのは、たとえば投資家で、もう何もしないで遊んで暮らしている人とか、あと士業かなんかで別に事業を持っている人だけだよ。

（２０２５年１月28日）

選択的夫婦別姓で遂に高市早苗氏が動き出した！　政局か？

――選択的夫婦別姓に関してですが、高市早苗さんが「選択的夫婦別姓制度に関しては、日本の政治家として断固反対しています。もし党議拘束をかけるなら私は自民党を除名されるかもしれませんし、党員資格を停止されるかもしれません」という発言をしています。

ようやく高市さんが戦闘モードになりつつあるな、というところだね。

石破さんの施政方針演説で「楽しい日本」と言っていたが、高市さんの周辺の人たちから、

「『楽しい日本』で参院選は戦えません」、といった連絡やメールが、私のところにも随分来ている。「楽しい日本」では参院選に行ったら自民党は終わってしまうから同志と今連絡を取りつつありますとか、相談している最中ですとか、そういう風なことが書いてある。あと、「この最中、日本銀行が1月24日に利上げをして、全然楽しくないですね」ということも言っていたね。私の動画もよく見てくれている感じでした。

その後大阪に行った時に、高市さんに非常に近い経済人ともいろいろ話した。その方は、石破さんは「列島改造」と言っているけれど、せいぜい省庁移転ぐらいの話でつまらない列島改造だ、と言っていた。

私も、本当に列島改造をするのなら紀伊半島の先とか能登半島の先ぐらいまで高速道路バーンとつなげるくらいやるべきだと言っておいた。石破さんの列島改造では話にならない、どうせやるなら、田中角栄の列島改造だって不十分、不完全だったのだから、それ以上に完璧にやるくらいがいいんじゃないですか、と言ったら、「高市にも伝えておきます」と言っていたね。

公共投資が出ない理由も説明しておいた。私は何度もしている話だけれど、社会的割引率、政府内の金利が今でも4％で高いままだというと、「4％で回る事業なんて今はない、

4％で回せって言われたら無理だ」と言っていた。

私は、だから社会的割引率を1％ぐらいに下げてやれば、今の公共事業は3倍ぐらいになりますけどねと言ったら、そんなに？　なんて驚いていた。

こういう方たちが、高市さんの回りにちょっと増えつつある印象を受けたね。

だから、高市さんもそろそろ戦闘モードに入らないと、もうこのまま押し切られかねない。選択的夫婦別姓みたいなとんでもない話になると、立民が調子に乗って自民とくっついて、その後は予算案賛成して消費増税になってしまう可能性が高い。動画では年中言っている話だが。

選択的夫婦別姓と消費増税がなぜ関係あるのか？　とみんな言うけれど、要するにこういう話は、野党の固まりを自公に入れて作っていく戦略だから。だから次は社会保障改革なんて言いだして、消費増税に持っていくというのは十分あり得る話なんだ。どこかで止めないと、そのまま参院選に突入したらもう自民党は最悪だ。はっきり言って野党のほうは、石破さんのまま参院選をやりたいと思う。

――まあ、そうでしょうね。戦いやすいですもんね。

それで行けば、自民党は潰れてしまう。そういう危機感を持っている人はいるけれど、高市さんも、まわりの国会議員が去年の総選挙でかなり落選してしまったから、どうやって組み直していくか、麻生さんをどうやって取り込んでいくか、そんな話になると思う。

財政では、自民党内に、昔安倍さんが作った積極財政の「財政政策検討本部」と、財務省が主導した「財務健全化推進本部」と2つあるけれど、今度一緒にするという話がある。一緒にするということは、もう安倍さんのほうのグループが弱くなっていて、取り込まれてしまう、取り込まれたら大変だという問題意識がある。だからそろそろ、自民党内政局の季節になりつつあるのではないか。

逆を言えば、ここで高市さんたちが動かなければ、本当に単なるガス抜き要員と言われるだけ。やはりここが正念場、動き出すのでは。

――それでも選択的夫婦別姓自体は、立民と自民の半分ぐらいの人が賛成したら通ってしまうかもしれない？

そうかもしれない。そこで自民党が党議拘束を課したら大暴れするのでは？　でも石破さんは前のめりになっているようだ。修正案でもいいので、なんとかしてやりたい。でもそうすると自民党内政局、「石破おろし」の動きになって、却っていいのでは？

その時に野党側が内閣不信任案を出す動きも大きくなってしまって、ちょっと石破さんでは戦えないという雰囲気が出てくるのが一番かもしれない。内閣不信任案になったら、総理総裁をすげ替えなければいけない。すげ替えると石破さんではなくて、高市さんの可能性も出てくる。

――でも、野党から見ると、それでは困るということですよね？

まあ困る。だから、不信任案はひょっとしたら出さないかもしれない。これ、なかなか難しい駆け引きになる。

野党から見ると石破さんのままズルズル行ってもらいたいと思っているけれど、自民党の中の、高市さんたちの側から見れば、これは何かのきっかけで政局になって、不信任案が出てくるのもよし、出てこないで党内で「石破おろし」になるのもよし、という戦略になるのでは？

そうでもしないと、このまま党議拘束で賛成させられる。そうなったらもう目も当てられない。高市さん自身は通称使用拡大で活動してきたから、それに対する自負もあるでしょう。確かにそれで十分だ、それでいいという人が4割以上はいる。そうすると絶対に選択的夫婦別姓でないといけないという人は3割ぐらいになってしまう。残り7割ぐらいは今の制度でいいという話になる。

――返す返すも、立民側の人たちってわけがわからない。

だから、社会制度をぶっ壊したい人が一定数いるということなんだよ。どんな時もそうだが、社会制度をぶっ壊したいという人は、1～2割ぐらいいるのは普通だ。そういう人たちのグループだと思えば、そんなに不思議ではない。そういう人たちとは価値観が違うから、話し合って説明するとか説得するというのは無理な話なんだよね。

（2025年1月31日）

立民が「保険証復活法案」？　保険証使い回しを奨励するつもりか？

――立民が保険証復活法案提出というとんでもないことをやっているんですけど……。

立民のやりたいことはこれなの？（笑）　どう考えてもちょっと理解できないんだけど。

――何なんですか？　これ。

いや、さっぱりわからない。

すでにマイナ保険証があって、これでは不十分だというのなら資格確認書で対応するということだから、マイナ保険証が使えないのなら、保険証を復活させなくても資格確認証を取ればいいだけなのだが……。マイナ保険証のように、顔写真とICチップが入っているのが嫌だということかな？

――ああ、そういうことですか？

だって、それしか考えられないでしょう。資格確認書なしでも別に1年間ぐらいは対応してくれるけれど、長い間ICチップなしで、顔写真なしというのを、もはや公的書類としてやるのはちょっとまずいでしょ。

そんなこと言うのなら、現状、運転免許証にも写真とICチップがついている。立民の法案は、保険証をICチップ、顔写真なしで使いたい人がいて、彼らをサポートしているとしか思えない。

私は、どういう人が顔写真なし、ICチップなしで保険証を使いたいのかについてはあまり詳しく知らない。私自身はマイナ保険証で便利だし、全然これでいい。

立民の人たちは、どういうことなのだろう？

現状、顔写真なし、ICチップなしで保険証がたくさん不正に使われていることは、医療関係者に聞くとよくある話。日本人ではなくて、大体は外国人による使い回しだ。

立民はそういう人をサポートしたいのか？　確かにICチップと顔写真があると使い回

しは難しくなる。

——資格確認書にはＩＣチップは入っているんですか？

ないんじゃない？　だって入っていたらマイナ保険証と同じになってしまうから。

——じゃあ別に、資格確認書でいいじゃないですか？

最終的にはＩＣチップと顔写真が嫌だとしか思えない。

こういう保険証復活法案を出すこと自体が理解不能で、どうしようもなくて、何を狙っているかがわからない。マイナ保険証に対応できない人がいると言うけれど、本当に対応できなければ家族が一緒に来るよ。

マイナ保険証を作る、つまりマイナンバーカードに健康保険の情報を紐付けるのは高齢者には難しいと言う。でも、その時だけ親族がやってあげれば、あとは単にマイナ保険証を持ってきて機械の上に置いて、顔認証して終わりだから。

——結構簡単ですよね。

すごく簡単。最初にそこまで行く手順は難しい時もあるけれど、それは家族がやってあげればいい。うちも家族の人が紐付けまではやってあげて、あとはマイナンバーカードを持たせてそのまま置いて確認するだけ。本当に1カ所だけ押して顔認証、あとは全部同意を押して終わりだ。

いろいろ処方された薬のデータも医者の方で取り出せるから、最初にかかる時の問診票みたいな書類もほとんどいらなくなる。だから便利と言えば便利だけど、なぜ嫌なんだろう？　保険証を使い回ししている人が、顔写真とＩＣチップを嫌がっているということ以外、なかなか思いつかない。

――こういうことをすると、「自民党は嫌だけれど立民はもっと嫌だ」という人がもっと増えるのでは？

それはそうだろう。保険証を使い回しされて、国民が納めている医療費を外国人にいろいろ使わせてしまっているというのは問題でしょ。それも不適切利用だから。

もともと民主党政権の時に、外国人の健康保険の資格を、滞在期間1年以上から3カ月以上で取れるようにしてしまった。もっとも普通の観光ビザは3カ月未満だから健康保険に入れるわけではないけれど、誰か1人が3カ月以上の在留資格を持っていて健康保険に加入すれば、あとは資格のない家族や知人がそれを使い回しする。その際は、ＩＣカードや顔写真がなければ都合がいいというわけ。

――今もまだ3カ月のまま改正されていない？

そう。世界でこんな短い期間の国はなかなかない。そもそも公的医療保険というのは入りにくい。アメリカなんか行く時には、「公的な医療保険には入れないから、民間の保険に入れ」と言われる。

——このために医療費が膨らんでいると言われると、ちょっと腑に落ちない。

多くの国では公的な医療保険は自国民に対してであって、よほどのケース以外は外国人に使わせない。外国人が旅行以外のビザで行く時にも、私なんかアメリカ行く時には、「すぐにビザを下ろしてもらいたければ民間保険に入れ」という条件になっていた。だから民間保険に入っていて、アメリカでは公的の医療制度は使えなかった。自分で高い保険料を払うのが普通。みんなそうだ。日本みたいに、お安い公的医療保険でしっかり医療を受けられるなんて国はなかなかない。

だから外国人に医療保険を使わせないと決めればよくて、入国する時に、「高くても民間保険に入れ」と言えばいいというそれだけの話。

——立民もその話とセットで出すのならまだいいんでしょうけれど、そういうことではないわけですか？

全然違う。とにかく安い公的保険に外国人を入らせるのみならず、一度入った保険証の使い回しを奨励するような制度に見えてしまう。

私がこんな風に言うと立民の人は否定するんだろうけれど、だったらＩＣチップと顔写真ありでいいじゃない。野田さんなんかも、こんなことをいの一番の改正にしているんだから、びっくりだね。


（２０２５年１月30日）

過去最高税収なのに石破首相が財務省のお膳立てで社会保障を言い始めた！

――日本経済新聞（2025年1月7日）に「首相『年金、与野党議論を』」という記事が出ていまして、

「石破茂首相は6日、三重県伊勢市での記者会見で年金制度改革や衆院選挙制度などを巡り与野党の議論や検証を呼びかけた。少数与党で臨む通常国会をにらみ、合意形成を進めるため野党にも責任を果たすよう訴えた。

社会保障について『医療・介護・年金など責任を持って次の世代に引き継いでいかなければならない』と述べた。『手取り増を求める声に応え、制度の持続可能性を維持・強化す

ることが重要だ』と言及した。
特に年金制度は『与党も野党もなく、合意を探ることが求められる』と協議を呼びかけた」……と書いてあったのですが。「与党も野党もなく合意を求められる」、はいこれ、財務省の、本当にいつもの口上と全く一緒ですよね（笑）。

ついに来ましたか。私は動画で言ってきたけれど、最初に選択的夫婦別姓を立民からやらせて、そこに自民党が乗っかる形がホップ。ステップ、ジャンプに消費増税だ。いきなり消費増税と言うと大変だから、「これは社会保障改革です」と言うだろうと私は言ったけれど、そっくりじゃない？

――そっくりですね。

私がこういう話をいろいろなところでしゃべると、「髙橋さん、その話、言わないでください」と言われる。当たるからなんだろうけれど。でもこんな話、言っても言わなくても当たるよ。まあ、予想通りでしょう。

どういう形かというと、選択的夫婦別姓について、国会の中である時に自民党側が「賛成します」と言うと立民は喜ぶ。その後に、実は本年度予算に立民は協力すると言いつつ、ついては協力するにあたって条件が必要だ、それが社会保障改革です、という流れ。

でも、社会保障改革と言っている限りでは、一体何のことだかわからない。やはり持続的な社会保障制度が必要だとか、将来世代にとっても必要だとか、年金制度を抜本的に改革しましょう、なんて言っている限りでは、何をするのか全然わからないのでは？

――わからないです。

これは「出」のほうの話をしている。では「入り」の話は何かと言うと、社会保障財源として大きいのは実は消費税で、消費税を社会保障目的税にしている国は日本しかない。要するに「出」の議論をすれば、当然のこととして「入り」の消費税の話に行くことになる。

社会保障改革と言いつつ、実は「入り」の話を拡充……つまり歳入を増やしていく話に必ずなる。今は10％の消費税を、2段階で15％まで上げることは財務省がいつも考えている話。要するに社会保障を持続的にする……そんな話が記事に書いていなかった？

――「持続可能性を維持強化」って書いてありますね。

おお、それが財務省のワード（笑）。持続可能性というのは、要するに消費税をガバガバ取らないと、社会保障財源が大変になりますという言い方だ。だから社会保障改革という名の下にしている。7月に参議院選挙があるから、そこまでは具体的な話があまり出てこず、改革が必要だ、改革が必要ですと言っておいて、その後に増税の話になるわけだ……というのが私の読みで、かなり前から言っているつもりだけど、まあ当たっているんだろう。出てきている発言を見ればそうだ。

ここには、「社会保障財源に消費税を充てる」という、悪辣たる財務省の深慮遠謀がある。私は役人の時に猛反対した。「こんなことをしている国はない。保険料で取らないのはおかしい」と。保険料で取って、保険数理を使って支出を決めるのが社会保障の普通のやり方です。そうすれば保険料と社会保障支出がかなりリンクするから、国民のコンセンサスが得やすい。保険料を取られるのが嫌だったら、もう社会保障はこのくらいでいいやという話になる。

そこに消費税の形で入れてしまうと、完全に保険料と社会保障支出がリンクできなくなって、ぐちゃぐちゃになる。だから世界の国は消費税みたいな財源を入れない。私は世界の標準を知っていたからそう言ったまで。

でも、その時幹部からはっきり言われた。「これは社会保障を人質にとって、消費税を上げるんだ。お前は変なことを言うな」と。すごいこと言われたんです、私は。

このような状況を打ち破る方法は歳入庁設置しかない。社会保障の「入り」の半分は保険料だが、実は保険料を今完全に取れていない。世界のどこの国でも歳入庁を使っていて、企業などに対して、法人税の調査と一緒に社会保険料を納めているかどうかも調査する。そうすれば簡単に取れる。推計すると取れていない保険料は数兆円以上ある。そこをまずやるのが先決だが、保険料には一切手を触れないで消費税でやろうとする。

——でも、納得できないのは、税収が最高とか言っているのに、なんで？　と思ってしまうんですが？

これは財務省もちゃんと考えていて、実は税収と社会保険は別勘定。税収に関係しているのは一般会計、社会保険料のほうは一般会計の繰入というものしかない。繰入の原資になっているのは基本消費税だけだから、そういう意味で税収はそのままそちらには使えない。

——えっ？

だから、そういう意味では社会保険は社会保険だけで完結している。でもそれは財務省にとって好都合。消費税だけ上げたいから。

——消費税しか繰り入れられないんですか？

基本そうだ。だから消費税が目的税だと言っているわけじゃない。

――そういう仕組みってことですか？

それはうまく考えているということ。

みんな、一般会計と社会保障の特別会計が一緒だと思っているけれど、そうではない。それを財務省はよく知っているから社会保障の話をするわけ。ここで一般会計の話をしたら、税収が上がっているでしょう？　とすぐ言われてしまう。

一般会計で税収が上がっていることに対しては、「まあそれはそれで」と言いながら、「社会保障は大変ですね」という別のロジックにしている。

――消費税を上げるのなら、その分所得税を下げてくれれば、まあこちらとしてはトントンになればいいかも。

トントンになればいいかもしれないけれど、それでは社会保障だけ充実させて一般会計が大変になる。基本的に消費税は社会保障にくっついている。そういう制度にしたわけだから。

――となると、今年の余った税金はどうするんですか？

一般会計の中で使う。

――使ってはくれる？

使うけれど、使い方が悪辣。はっきり言うと減税しなければ余るが、その分は国債償還といって、何に使ったかわからないけれどそこに使う。

――国債償還って他の国では……。

ないない。でも財務省は、余った税収を国債償還のためにたくさん使うからというので、一般会計からあり余っている分を減税には使わない。国債償還なんて誰も得しないけれどね。

――国債償還って、ドブに捨てているようなものですか？

ドブに捨てているというのは言いすぎかもしれない。一般的に国債を現金で償還するのは、債権を持っている人が償還されないと困るからだと言うけれど、それは余った税収を充てるのではなく、もう1回借り換えるとか、他から借りてきてやるのが普通の国。普通の国のような経済運営をせずに、わざと税収を余らせて償還に使うということをしているのが財務省だということです。

（2025年1月9日）

また石破首相のピント外れ！「令和の列島改造っ」て、中身がショボ過ぎだろ！

――石破総理が「令和の列島改造」と称して、政府機関を地方へ移転する、みたいなことを言っていますが、これについて髙橋さんのご意見は？

本当に真面目に「令和の列島改造」をするのならこうすればいいという話は後で述べるけれど、まず、政府機関の地方移転なんて、今の政府では多分相手にされないくらいピントが外れていると思う。

――相手にされない？

石破さんはずっと主流派にいなかったから、よくわからないのだろう。

この議論は「首都機能移転」という言い方をするけれど、元々はと言うと、1990年のバブルの頃に議論が盛んになった。東京都心の土地を売って、政府や国会を移転すれば、財源が出てくるということだった。

具体的には、92年に国会移転法という法律ができている。当時はまだバブルの頃だったけれど、その後それを具体化するまでにだんだんバブル崩壊が分かってしまい、首都機能移転の議論は世間とずれ始めていた。ただ、国会の中では議論が進められた。

99年に、福島と栃木、日本の中心と言われている岐阜、そして三重の3候補に絞るという形になった。このなかで有力だったのは土地の問題などから見て福島と栃木で、那須の辺りを想定していくことになった。残念ながら岐阜と三重は候補ではなくなった。だが、世間はすっかりバブルが崩壊して、首都機能移転の話はどんどん下火になった。

２０００年に入ると、もう完全にバブル崩壊が明らかで、地価もガタンと下がっているから、土地を売っても財源が出なくなってしまった。

実はその頃、私はたまたま課長で国土交通省にいた。といっても旧建設省や旧運輸省ではなく、旧国土庁の流れの部署で、隣の課の課長が首都機能移転の課長だった。彼は年中政治家に「こんなのやめろ」と言われていつも困っていた。「担当課長の私にそう言われても法律はあるし、困るんですよ……」と言いながらいろいろやっていたけれど、東京都知事の石原さんなんかも首都機能移転を批判してプレッシャーをかけてきた。それで小泉さんもかなり腰くだけになってしまい、私の記憶では２００３年だったか、小泉さんは国会で首都機能移転に関してふわっとした答弁をした。今まではずっと推進すると言ってきたのに、その答弁から急速に話はしぼみ、事実上凍結になった。もうやる人もいないし、放ってある状況。20年間くらい何もしない状況が今まで続いている。
私が国交省にいた当時の隣の首都移転の担当課も、課自体がなくなってしまった。もうやることがないから課長職もなくなってしまった。私はその様子を隣で見ていて、「これはもう政治的に無理だ、都心の土地を売るという財源の問題ももうできないな」と思ったものだ。それ以降は担当課もないが、時々政府機関移転という話が出て、この前文化庁が一部移転したりしたけれど、東京にも拠点はあるから二重拠点みたいな話になって、すごく無駄なことをやっている。だいたい政府機関が全部地方に行ったら、いくら国会に呼ばれても行けないよ。

――では、移転するなら、みんなまとめて行かないといけないということ？

そう。国会も全部含めてまとめて移転するのなら話としてはわかるが、省庁1個1個の移転はできない。それを今頃石破さんが言い出しているが、こんなのは無理。個別の機関が移転するなんて無駄が増えるだけで、公務員にも2拠点生活を強いることになる。とんでもない的外れの話をしている。だから誰もついてこない。
それを官僚のエゴだとか言うけれど、いくらなんでも、他の県に行けと言われて移転して、今度は国会に来いと言われたら前の日から泊まりがけで東京に行かなきゃいけない。

ひどい話だ。

――経費の無駄になってしまいますね。

そう。だからこれをやる人いないと思う。

では、本当に「令和の列島改造」をするなら何をするかと言うと、田中角栄の列島改造を復活させること。全国に高速道路と新幹線、空港を整備するということだったけれど、まだ全国に整備されていない。それを押し進めるのが本当の列島改造だと思う。

例えば能登半島の先まで高速道路は走っていない。もしもあったら、ああいう地震があっても復旧なんか簡単にできた。紀伊半島の南も同じ。

アメリカなどを見ると、フロリダの先まで高速道路がある。そういう形で、全国津々浦々に高速道路を作ることがおそらくは先決だろう。そういう形に作っておけば、いざという時にもライフラインは確保できる。

田中角栄の列島改造の時にやり残したところに高速道路と新幹線、空港を作るほうが効率的だと思う。これが本当にあるべき令和の列島改造だ。

――よく聞く反対意見で、「誰も通らない高速道路ばかり作りやがって！」みたいなことを言う人がいますが、それはそれでもいいんですか？

全体でワークしていれば構わない。誰も通らないからといっても、全体でまとめてペイしていれば別にいい。都心部でたくさん取った料金を、ある意味では地方に分配していると思えばそれっきりの話。

ネットワークはやはり全部つながっているほうが効率的なんです。どこかで高速道路が切れているくらいなら、全国でつながっているほうがいいよ。

私が言っているのは、ある意味では地方振興の策だが、誰が使うかではなく、地方振興策の議論のほうが重要なのでは？

誰も通らないから高速道路を作らないとなると、ますます誰も行かなくなってしまう。しかし作っていけば、いろいろな産業が発展する可能性もあるし、国土の均衡発展にも役に立つ。こういうことこそ本当の地方分散だ。新幹線や高速道路がないからみんな都会に来てしまうわけで。

――そうか、行き来がしにくいから。

行き来が簡単なら、別に地方に住んだっていいわけだ。

いい例は軽井沢。あの辺りは人が住む。それは新幹線や高速道路があって、すぐ通えるからだ。

私の知り合いに長野県の町長さんがいて、私の高校の先輩だが、住宅手当を出してどんどん東京の人に住んでもらっていると言っていた。そこから通えるから。今だと1週間に3、4日通って、2、3日は田舎に住むという人もいるという話です。

高速道路も新幹線も強くすれば、いろいろな地方に住むようになる。官庁の移転よりそっちの方がいいよ。

そしてこれは公共事業だから、1個1個で採算を考えず、全国全体で大体ペイしていればいいのです。

――石破さんって、確か地方創生担当大臣だったのでは？

知らないんだ。担当させたのは安倍政権だけど、絶対何もしないからさせたんだ。だから今も、政府機関移転なんてとんちんかんなことを言っているわけです。

本当の地方創生とは、今言ったように、田中角栄さんがしたことに本格的に取り組むこと。

ある経産官僚が文章に書いた話で、私はその人に直接話を聞いたことがあるけれど、田中角栄さんは列島改造をしている当時、新幹線、高速道路をどこにどう作ればいいかが全部頭の中に入っていたらしい。いろいろな地形なんかも考慮に入れて、ここがいいだろうと考えていたのが、今見ても結構当たっていた。そのくらい考えていた。すごいと思う。
こういうことが、本当の地方創生、列島改造なんです。田中角栄のおかげで、新潟には上越新幹線と関越道ができた。あれがなかったら悲惨だった。公務員に不便を強いるような、ショボい政府機関の地方移転なんて、言われたほうもびっくりするし、石破さんショボいこと言うな……と思います。

（2025年1月15日）

「103万円の壁」突破を阻む財務省の悪辣なる手口を暴く！

――いわゆる「103万円の壁」問題ですが、2025年年の税制改正は今週（12月最終週）決まるから勝負だ、みたいなことをおっしゃっている人が結構多いんですが……。

まあ普通のスケジュールだと、来年度税制改正大綱が決まるのは決まるけれど、だからと言って103万円がどうなるかっていうのは決まるかもしれないし決まらない時もあります（令和7年度与党税制改正大綱は12月20日に決定、「『103万円の壁』は国民民主党が主張する「178万円を目指して来年から引き上げること」を盛り込んだ）。

というのは、103万円を税制改正大綱に入れ込まなくても、予算はできると言えばできるから。そのくらいの話。

103万円の話を入れ込むと大きな減収額になるから、本当は入れ込まなければまずいんだろうけれど、3党幹事長合意をした森山さん自身、合意を作った人が「1年では無理だ」と言っているのだから。

その後3党合意の中で、真摯に関係者で議論すると言っていて、関係者とは誰かと言えば宮沢さんだから。そのラスボスの宮沢さんが今123万円と言っていて、玉木さんは178万円じゃなければ予算案に反対しますと言っているんだから、なかなか大変だ。

今後どうなるかと言うと、178万円に収まるか、玉木さんが折れて150万円くらいになるかという風に考えるのが、まずは普通だ。

ここでちょっと意地悪く、財務省の論理だけを言ってみる。もちろん私は、財務省の論理に乗っているわけではないけれど、まあ、ちょっと紹介という意味で。

この悪辣な財務省の論理を説明すると、玉木さん率いる国民民主が予算に賛成しなくても、維新に賛成してもらえれば実は予算は通る。財務省的に考えると、キャスティングボートは国民民主だけが握っているのではない、維新も握っている。そして最悪、もっとすごい話になると、実は立民も握っているということ。いろいろと選択肢があるわけだ。そうすると玉木さんの意見を聞かないで維新の方の意見を聞くという選択肢はある。維新の選択肢とは、この間の補正予算の時も明らかだったけれど、「教育の無償化」。あんなのは財源いらないし、結構簡単にできる。

前原さんのところは補正予算の際も教育の無償化を言っていたけれど、口約束で補正に賛成した。口約束で賛成したということは、結構ちょろい。そうすると、「教育の無償化の検討をこれから始めましょう」くらいの話と引き換えで、予算に賛成してくれる可能性はある。

一方で玉木さんと178万円の件は、これも「検討、先送り」にして、とりあえずの予算は作れるんだ。

――「検討」で終わりですか……。

税制改正大綱の最後に検討項目というのが書いてあるから。そこに織り込むという手はなくはない。そうすると今週の税制改正大綱の中に、最初の方に178万円があるのではなくて、最後の検討のほうに178万円で決める、ただし、詳細については今後検討する……というのでやるかもしれない。というのが財務省の悪辣なる案。

これがどこまでできるかは正直わからないけれど、あまりぬか喜びもできなくて、結構厳しい状況に追い込まれているんだと思う。

当初の、玉木さんだけがキャスティングボートを握っているという環境は、前原維新が出てきたことによって徐々に変化が起きているのではないかと思える。

ではなぜ、前原さんがそんなことをやっているのかと言うと、前原さんは元国民民主だから。玉木さんと代表選を争って、負けて党を出てしまった人だから。両者はどんな関係にあるか、想像つくでしょうということ。維新は、急に来た前原さんを共同代表にすると、こういうことになってしまう。

——なぜ維新はそんなことしたんですかね？

そこは不思議だ。維新にも別に生え抜きの人がいるわけで。普通に考えると創立メンバーみたいな人がいるのだから、私も正直に言えば、そちらの人たちに代表になってもらうのが普通ではないかと思っていた。それが急に前原さんになってしまって。急に来た人が代表だから、維新も内部では変な感じになっているのではないかなという気がするけれど。

——乗っ取られたみたいになってしまう。

そう。前原さんは有名だから、いろいろなところを渡り歩いてきたけれど、渡り歩いてきたところがみんな大変になっている。財務省はこういう動きを見逃さない。財務省の悪辣なる人はこういう人を使う、というのが1つの筋、見方。

繰り返すけれど、私は財務省に賛成しているわけではなくて、とんでもない話だと思っているわけだ。

だからもういい加減、このまま行ったら参議院選挙でボロ負けしますよ、ということでプレッシャーをかけるというのは正しいけれど。

だって国民民主は今、若い世代の支持率がものすごく高くて、自民党をしのぐような状況になっている。全体でもすごく高くて、立民はもう追いつかれそうになっているくらいだ。

こういう動きを、やはり国会議員は肌で感じるはずなのだが。ただ感じていても、まあ自民党の税調はインナーと呼ばれるくらいで、あまりこういう動きは感じにくい。そこは意外に、世間の常識とずれている。

だから私も、こういう時に予測しろと言われると結構大変だ。インナーのロジック、財務省のロジックもある程度分かるから、そっちに引きずられるか、世論の方に行くかというのは、ちょっとその時の出たとこ勝負で読みにくい。

もちろん「べき論」を言うなら、178万円ですっきり納めるのはもう当たり前。海外との比較で見ても日本は基礎控除が低い。これを上げるのは当たり前だと私は思うけれど。物価で換算すると……とか言うけれど、そうではなくて、もう国際比較でやってしまって、178万円で決めてしまえば、財源なんて後でついてくる。仮について来なかったらそれは玉木さんの責任というか、必ず国民民主が選挙で負けるから。だから私はそういう仕切りでいいと思うけれど。

私はどちらかというと178万円派。財務省の悪辣なる人がいて、今述べたようなシナリオもあるので、ぬか喜びしないように、玉木さんには頑張ってもらいたいということでしゃべっている。

——玉木さんがどこまで突っ張れるかっていうこと？

玉木さんに対する財務省の対応は、玉木さんじゃなくても予算は通りますというので前原さんを引っ張ってくる。

——そうすると、結構やばいですね。

ちょっとやばい。だからこういう手があるということを、ちょっと私が紹介しているだけ。ここを打ち破るのは最終的に世論になるということ。

世論になって大きな流れになっていけば、こういうこざかしい話は大体ぶっ飛ぶ。こざかしい話というのは多くの人に受けないからぶっ飛ぶ。世論がどれだけ押すか。国民民主の支持率がどんどん上がると、これちょっとさすがにやばいということになるから、最終的には世論が大切であることは間違いないし、私もそのために言っている。

私は少し前、玉木さんにきついこと言ったような時もあるかもしれないけれど、むしろ、世論の方により頑張れと言っているだけだ。ぬか喜びはそう簡単にはできない。相手はあの悪辣なる財務省だから。そう簡単に、「はいそうですか」と行くわけはない。

――自民党の小野寺五典政調会長が、「学生がなぜ103万円まで働かなければならないのか」とか。わけのわからない発言をしていましたもんね？

そうなんだよ。これもまた攻撃なんだ。でも小野寺さんの方がかえって世論に向き合う形になってしまって、へこみやすいから。

要するに学生はアルバイトをせざるを得ないわけで、親の収入が足りないから働かなければならないんじゃないか。何を言っているのかと思うけれど。ああいう発言は、まあネットで叩くのにちょうどいい材料だね。

でも本命はあくまでもラスボスの宮沢さん。宮沢さんは今いろいろとネットで叩かれている。叩かれても選挙は通るかもしれないけれど。でも宮沢さん、意外に選挙は強くない。宮沢さんは最初衆議院だった。３回当選したけれど、なんとその後、１回落ちている。対抗馬として誰が出たかと言うと、同じ財務省出身者。私のちょっと近くにいて、宮沢さんの前の部下だった人。その人が民主党から出てやっつけてしまった。あのプライドの高い宮沢さんが落っこちてしまった。私はその選挙戦も結構よく知っている。だって２人とも知り合いなんだから（笑）。知り合い同士ですごい争いをしているなと思って見ていたんだけど、宮沢さんは落選して参議院に転じたわけだ。だから、トラウマがすごくあるのだろう。財務省から出て、自分に反旗を翻すやつのことを、宮沢さんはきっとよく覚えているはずですね。

そういう過去があるから、今、やはり同じ財務省出身の後輩の玉木がやるのは面白い。そのトラウマで日和るかもしれない。これはちょっとした秘話だが。

――玉木さんにはぜひがんばってもらいましょう。

（２０２４年12月18日）

呆れた！「日本国債の格付け下げろ」財政諮問委員の恥さらし！

――ブルームバーグなんですが。気になる記事を見つけました。2024年12月3日、「日本国債格下げ『警告』を期待、緩んだ財政に外圧必要ーBNP中空氏」というものですが、「BNPパリバ証券グローバルマーケット統括本部の中空《なかぞら》麻奈《まな》副会長は、国の財政状況の悪化に歯止めをかけるためには、格付け機関による日本国債格下げの警告といった外圧が必要だとの認識を示した。ブルームバーグのインタビューに2日応じた。

政府の経済財政諮問会議の民間議員も務める中空氏は、昨今の財政は『人気取りの政策になっている』と分析。10月の衆院選で少数与党の政治構造となったことも、財政運営の緩みを招く一因との見方を示した。

財政への危機感が乏しい現状については、江戸幕府による開国のきっかけとなり『泰平の眠りを覚ます』とも表現された黒船来航に言及。日本国債は格下げのリスクがあると外部から警鐘を鳴らす『黒船を期待するところが正直ある』とし、格付け機関に『格下げすると言われたいぐらいだ』と語った」という内容なのですが……。

まあ、勇ましいね（笑）。この方にどういう背景があるかっていうと、はっきり言えば、「あそこのポチ」そのままです。

ポチが推薦した経済財政諮問委員で、「ポチだから『ワンワン！』って言え！　と言われたから言った」というぐらいの話だと思う。カッコ悪いと思うけれど。

格下げすれば本当の財政の状況が現れる、本当はもっと悪くなるはずという前提でしゃべっているけれど、そこはちょっと違う。

はっきり言って、格付け機関の格付けなんてマーケットには何の意味もない。意味があるかのように報じている日経新聞なんかも変だけど。格付けなんて、まともに分析もしてない。

——ええ？

そう思うでしょう？　私の経験を言うと、私はかつて国債課の課長補佐で、毎週のように国債を出していた。

国債の格付けは発行した国債に応じて決めていく。発行されるごとに「回号」があって、つまり国債にはみんな名前がついている。

私は、全然意味もなく国債を出しても仕方がないと思っていたから、実は他のところで税収がたくさんある時には、国債を発行しないこともよくあった。私以外にそういうことをした人はいなくて、みんな定期的に出していたらしいけれど、私はそういう感覚ではなく、国債は必要に応じて出すと考えていたから。

で、ある週に国債を発行しなかった。それにもかかわらず、アメリカのスタンダード・アンド・プアーズ（S&P）という世界一の格付け会社が格付けした。「存在していないものに対して格付けするなんてでたらめじゃないか（笑）。何やってんだ」と。

だからS&Pに「今回国債を発行していませんけど、何を格付けされたんですか？　発行していないのに格付けとはどういう意味ですか？」と問いただした。そうしたらすぐ、アメリカから副社長が飛んできて、「申し訳ありません」と言うわけ（笑）。大蔵省の連中も、その時はみんな面白がって見ていた。

向こうも然る者で、ものすごい美しい人が来て、「申し訳ない」なんて言いつつ、外国人だから足をコロコロ組み替えて。私なんかそんなの見ていないけど（笑）。

来たついでに、S&Pはどのように格付けしているのか聞いたみた。すると正直に言った。「分析していません」と。

――へえ～。

そこで、予算書をドーンと渡して見せながら、日本国債の格付けをするのならこれに基づいてリスクをきちんと分析しろと言った。相手は何も言えなかった。つまり、分析せずに適当に格付けしていることをゲロしたわけ。

日本の財政状態は良好ですよ。

当時の大蔵省の幹部から、では財務分析をどうやってそれを示すのか聞かれて、私が教えたやり方を今のデータに置き直したものがある。危険度、つまりその国の財政破綻リスクをどう出すかというと、クレジット・デフォルト・スワップ（CDS）レートが活用できる。

CDSとは、いわばある国への保険みたいなもの。国債のCDSは、国債を持っている人が、もしもその国債がデフォルト（債務不履行）になったら困るので、カバーする保険に入るようなもの。保険料はマーケットで決まるけれど、危ない国ほど保険料が高くなり、低い国は危なくないと判定できることになる。

それが何と関係があるかと言うと、私がしょっちゅう言っている、広い意味でのバランスシートのうちのネットワース（実際の価値）。つまり世間でよく言う「借金1000兆円」うんぬんではなく、資産から負債を差し引いた「ネット債務」の数字。日本はネット債務の状況がいい国になる。ここにCDSレートを重ねると、強い相関が見いだせる。ネット債務がいい国はCDSレートが低い、つまり財政破綻の危険度が小さいということ。これは一般のファイナンス理論と全く同じ答えです。

私は、これこそが分析だと財務省の中でも繰り返し言ってきた。するとみんな、「おーっ」とか言う。そのくせ外でしゃべる時には、「債務が大きくて大変です」と言うのが財務省だ（笑）。

日本なんかはネット債務がマイナスどころかプラスだから、非常に良好。こういうデータでほとんど説明できる。

私は省内で年中ブイブイ言っていたから、財務省の中で私に反論できる人はいなかった。私も一度格付け機関に向かって大見得を切ってしまったけれど、切る以上は自分でちゃんと分析している。債務が大きいことは問題ではなく、資産が大きければ大した話ではないということを、定量的に説明しているだけ。その上で、日本の財政状態はG7中第2位。良好ということです。

国会議員なんかも、私の話は理論的で筋も通っていてすっきりしているから、みんな信じてくれる。この中空さんの記事が出た時、政府のある閣僚クラスの人からメールが来て、

「これ、財務省のポチじゃねえか？」という話でしたよ（笑）。

「国賊みたいなひどい言い方するなあ」とその人は言っていた。最近はしっかり説明するとわかる人が多くなってきている。

こんなでたらめな人の意見はもう誰も聞かないだろう。この人は自分で無知を外にさらしてしまっているようなものだ。

マーケット関係者で格付け機関を信じているなんて言って、しかも格付けを悪くしろ、それで財政がなんとかなる、警鐘だなんて言っている。とんでもない愚かな話だ。

（２０２４年12月12日）

厚生年金を使って基礎年金を3割底上げ？ こんなデタラメあるか！

――日本経済新聞（２０２４年11月25日）の記事ですが、

「基礎年金3割底上げ、厚労省が提示　厚生年金の財源活用――厚生労働省は25日、年金制度を巡る3つの改革案を示した。将来、低年金に陥る人を減らすため、厚生年金の積立金を使い、全ての人が受け取る基礎年金を3割底上げする。働くシニアの年金減額を縮小する方針や、保険料算出の基準となる『標準報酬月額』の上限引き上げ案も示した」——ということなんですが、よくわかりません。

年金の話、まだ受け取る年齢にならないうちはわからないだろうね。年金を受ける年頃になると慌てふためくけれど。

最初の話がメインで、2番目、3番目はそれに比べれば少しマイナーな話なので、「厚生年金の積立金を使い基礎年金を3割底上げ」の話だけ解説します。まず質問。あなたが会社員なら、何年金に入っていますか?

——厚生年金です。

この話は、厚生年金のお金を国民年金に回すというだけ。国民年金に入る人は主に自営業者で、サラリーマンではない。つまり厚生年金保険料を払ったサラリーマンのお金が、自営業者に回るということ。

普通に書けばこういうことだが、「全ての人が受け取る基礎年金を3割底上げする」などと言うと、悪いことのようには思えない。実態は国民年金のみの人の受取額を、厚生年金で払ってきたお金で3割底上げするという話。

——え? となると、厚生年金の人たちは?

単に持ち出しになる。

――ええ？

そうだよね？　こういう風に書けば、みんな変だと思う。

これはずるい話なんです。この案は今まで何回も出てきたものだけれど、私が今解説したように、厚生年金の加入者から見ればとんでもない話なので、本来はすぐ潰れるはずだが、今回はおそらく石破政権だから潰れないのでは。官僚の悪いことやりたい放題が通るという、非常に嫌な予感がする。

本当なら、官邸でも今私が今説明したような話を聞けば、厚労省に向かって、「こんなのサラリーマンの人にとってはひどい話だ」と言う。今までも、話が出るたび良識ある人がおかしいと言ってきた。すると厚労省はすごすご引き下がる。こういう常識的な話を政治家がやらなければいけないはずなのに、石破さんなんか、そうですかという感じで、政権が弱くなると官僚のデタラメ案がよく通る。

――これ、野党は反対しないんですか？

野党が反対しても、今の立民と自民党が賛成したらＯＫになってしまう。立民の方にも手が回る。「サラリーマンは大企業が多くて潤っているから、そこから取っても大丈夫だ」

と官僚が言ってしまうわけだ。

――立民は、一応労働組合が支持母体なのでは？

労働組合も今は弱者保護的な立場に立ってしまう。本来労働組合から見たら抵抗しなければいけない話だが。なぜなら労働者のお金を自営業者に渡すわけだから。自民党は喜ぶけれど、労働組合は本当なら反対しなければいけない。これは結構危ない話なんです。どうしてこんなことが往々にして起きてしまうかというと、官僚にとって金には色がついているわけでもないし、保険料も税金も同じように思えてしまうから。彼らはいつも同じように説明する。

でも本当は違う。保険には保険原理というものがある。厚生年金で言えば、どのくらいの厚生年金が必要かをどう計算するかというと、年金自体は長生きした時の保険だから、どのくらい長生きするかによって必要な保険料が分かり、それで決めている。

しかし税金はそうではない。「ごっちゃにしていいし、どこにでも使え」という話。官僚の考え方は、保険料と税金を混同しているでたらめな議論です。保険料も税金みたいなものだから何でもいいというのは間違いだ。

今までこの動きを正してきたのは、「厚生年金として払っていた人のお金を自営業者に回すのはひどい」という素朴な正論。これは正しいのだが、実は政治が弱いとないがしろにされかねない。

では、解決策はあるのかというと、ある。

保険並みの解決策をするのなら、実は今の保険料には結構取りっぱぐれがあるんです。なぜかと言うと、保険料を取るところと税金を取るところが別だから。

保険と税金は別だと言ったけれど、実は徴収という観点に立つと同じこと。どこに使うかは全然違うけれど、お金を集めるという側面は全く似ている。だから本当は「歳入庁」という、一緒にお金を集める組織を作るべきなの。実は歳入庁がないのは日本ぐらいです。他の国には全部ある。

日本はずるい。使い道のところだけ混同して、お金を取るときは国税庁と年金機構を別にしている。これは、財務省が国税庁と年金機構を一緒にしてしまうと自分でコントロールできなくなるから、というだけの話。世界でも本当に珍しい例だ。

全くとんでもない話で、財務省が歳入庁を阻止したいから別のまま、非効率になっている。

私は昔税務署長をしていたけれど、税務署長の官舎の隣に社会保険事務所の所長がいた。税務署では法人の調査をする。すると源泉徴収税を調べるから、社会保険料を取っていない会社がすぐわかる。私はそのたび、社会保険事務所の人に連絡してあげていた。もし一緒の歳入庁という組織なら、その場で取れるからすごく簡単だという話です。

――税金だと脱税すれば捕まりますが、社会保険料は？

ちょっと性質が違う。社会保険は、保険料を払わないと保険金が減額になるだけだ。

――悪い人だと、逃げ切ろうっていう人もいるのでは？

企業なんかは結構多い。社員から保険料を源泉徴収していながら、年金機構に納付していないという話は結構ある

――「消えた年金」みたいな。

全くその通り。企業がポケットに入れてしまう。実は「ねんきん定期便」はそれをなくすために出している。勤務先の企業が自分の年金を払っているかどうか本人が全部チェックできるし、企業にもプレッシャーをかけられる。こういうチェックのシステム、昔はなかった。でもこれ、「オレンジレター」といって、世界中どこでもある制度なんです。だからそれを真似て作った。

でも本当は、歳入庁があると、みんなもれなく徴収するようになる。取りっぱぐれの保険料が数兆円あるから、まずそれをきちんと徴収するのがあるべき姿。でも歳入庁を作ると、財務省が国税庁を手放さないといけない形になるから反対するんです。

――何年後なんでしょうね？　歳入庁ができるのは。

世界中で歳入庁がないのは日本だけだ。この話を出すと、また国税庁、財務省から私が睨まれて、電話が来るかもしれない。なにせこの話をしているの、今日本で私しかいないから、いつも電話が来るとドキッとするけれど。私が言っているのは「世界では社会保険料と税金を一緒に徴収するのが普通です」って、ただそれだけなんだけどね。

（2024年11月29日）

SNSで財務省への批判殺到！　ようやく世間が気付いた！

――ちょっと気になる記事を見つけたんですけど、2024年11月23日の産経新聞に「財務省への批判がXで急増、リプライは衆院選後15倍以上に」っていう話が出ていました。財務省に「ふざけるな！」というリプがいっぱいあるらしいんですけど……。

ついにそういうのが出てきたなという感じだね（笑）。

財務省は今までマスコミを使いながら自分は表に出なかったが、今回の国民民主党の話で、みんなだんだん分かってきたのでは。国民民主の貢献は大きい。

「103万円の壁」と言うけれど、要するにこれはステルス増税だ。

確定申告をしている人ならすぐ分かるけれど、確定申告はまず収入（売上）を書いて、必要経費を引いて、その後に基礎控除、それと各種の控除を引き算して課税所得を出して、そこに税率をかけて税金を計算する。必要経費や控除は人によって違う。

サラリーマンやパート・アルバイトなどの給与所得者の場合は、基礎控除と給与所得控除を足して、もらった給料の額から引いて税金を計算するのが基本。もっとも低い年収の層の場合は、両方を足すと控除額が103万円になる。

この数字が小さければ、給料が増えても引ける額が小さくなるから結局増税になってしまう。いわゆるブランケットクリープ（インフレ等で賃金が上昇しても所得税の増加がその分を超えてしまうと実質所得はかえって減ってしまう現象）だが、日本語で言えばこれは、はっきり言ってステルス増税だ。

つまり、税率は上げていないけれど控除額を据え置くことで、課税所得を増やして税収を増やそうという悪だくみ。これが今回分かってしまったから、怒りが大きくなっているわけ。もう29年間続けてきた。

私は各国の基礎控除を比較するデータを出して、これはひどいと言ってしまう。そこにみんなが気づき始めているんです。すると財務省はいつも、「日本は消費税率が低くて……」と言う。実はあの資料、ある意味では正確ではなくて、罠をかけている。

この話、実は所得が高い人にはあまり関係がない。ステルス増税に引っかかる人は、特にアルバイトなど、所得の低い人、ギリギリの人。そうした人たちにとってこそ、大きい話だ。

なぜなら、基礎控除＋給与所得控除が103万円ではなくて、例えば200万円にすれば200万円まで非課税になる。これは大きい。今年収が100万円台の人は、基礎控除を上げてしまえばほとんど非課税になる。だから財務省はものすごく嫌がる。

財務省は手を替え品を替え「日本は課税ベースが少ない」などと数字を持ってきて言うけれど、最近ちょっとその数字を持ってくるのが必ずしも財務省に有利になるわけでもないから、ちょっと苦しくなってきている。

まあそのくらい、30年間も103万円を据え置いたことは罪が重いということ。いろいろな意味でバレてきて、財務省も大変だ。

さらに財務省は、国の借金が大きいことだけを強調して、国民1人当たりいくらの借金が……とすぐ言う。私は30年間「国の資産は大きい、資産の話をしないのはずるい」と反論し続けてきたけれど、この話も最近バレてきて、表に出るようになってきた。テレビで私がコメンテーターの時は、この話が出てくるたび、「国の資産がどれだけあるか知っていますか？」とすぐ聞く。みんな答えられない。

資産が大きければ借金があっても大したことない、で終わる話。こんなの普通の企業ならすぐ分かるし、個人でも住宅ローンを借りている人は、土地建物という資産があれば、別に住宅ローンがあっても大したことないと思うのと同じ。

みんな、こういうことがだんだん分かってきたから面白い。私は長年ずっと同じことを言っているから、最近うねりが上がってきているのを感じる。

――やっとついてきたという。

やっとだ。30年前に国のバランスシート（貸借対照表）を出したけれど、その時は誰も全然わからなかった。それがだんだん理解され始めている気がする。

根本には会計の無理解があって、「政府の借金は国民の資産であるから大したことない」

という人がいるけれど、そんな話は意味がない。

誰かの借金は、それは誰かの資産。でも「誰か」の、国なら国のバランスシートを見なければ、政府の中での借金と資産を見なければダメ。

それを見ずに、政府の借金は国民の資産だから大丈夫だというのも、これまた会計無視だ。もうちょっと私のYouTubeで勉強したほうがいいですねw（笑）。

――あの「MMナントカ（？）」の人たち？

そんな感じの人が多い。みんな全然知らずに勘違いしている。

彼らは最近、「自分たちの主張が世間に認知された」みたいなことを言っているけれど、それは違う。はっきりいって間違った論理だから、財務省から簡単に逆襲をくらう。

政府の借金が問題ないのは政府に資産があるから。そこをちゃんと理解しなければダメです。

政府の借金は国民の資産だから問題ないというのなら、政府は大変だから政府の借金をチャラにしたらどうですか？　と聞いたらすぐわかる。政府にお金を貸している国民だったら、チャラにされたら焦るに決まっている。批判するなら、もう少し会計をきちんと勉強してからのほうがいい。

また、「自国通貨建ては絶対に破綻しない」、というのも私が書いた。これも、MMナントカの人たちがいつも言うことだが。あんなの、あまり根拠にしないほうがいい。私はそういう意味で書いているわけではない。

私は前提として、「先進国では」と書いている。破綻しないのが先進国だと言っているんだから、何か意味のあるデータではない。自国で通貨を発行しているから破綻しないなんて私は一度も書いていない。どこの国でも通貨を発行するが、破綻する国もある。

今少し、反財務省の流れの調子がいいために、そういう人たちがいい加減なことを言っていてもスルーされるかもしれない。けれど、いろいろなことをしっかり勉強して発言しないと、足をすくわれる可能性がある。

——財務省は、Xなどで批判が高まることに多少は敏感になってきているのですか？

関係ないよ。勝手に批判しているだけだから。私だってXでいろいろな批判が来るけれど、全然気にしないのと一緒（笑）。

（2024年11月28日）

第2章

経済問題編

日本経済、世界での現在位置は

【拡散希望】日銀が国会審議もせずに銀行に小遣い渡すとは！

——髙橋さんがテレビでおっしゃっていたんですが、日銀が利上げに伴って、予算審議もしないで金融機関にお小遣いをあげているという、非常に腹が立った話なんですが、もう1回詳しく聞きたいと思うんです。

これ、どこのマスコミも報じない。でも2025年1月24日、利上げ時の発表文に一緒に書いてあった。「日銀当座預金の金利も0・5％に引き上げます」と。えっ？　という感じ。

だって、普通の企業が銀行に置いている当座預金は、額がいくらであっても金利ゼロ。現金と同じだから。それなのに、銀行が日銀当座預金を持つと金利が0・5％つくというのはそもそもおかしい。今までは0・25％で、0・25ついているのもおかしいけれど、それを0・5に上げてしまった。

この問題、少し経緯をたどってみると、白川総裁より前は日銀当座預金の金利もゼロだった。白川さんの時に金利を付けた。それ以降ずっと金利が低かったから、まあ非常に少額であまり目立たなかった。でも、今金利をどんどん上げている。上げている時に日銀当座預金の金利を上げてはいけないんだ。それなのに一緒に上げている。私は、これはひどいとずっと思っていて発言している。

これは銀行から見ると「おいしいお小遣い」だから、絶対にマスコミには言わない。銀行の日銀当座預金は全体で500兆円ぐらいあるが、その0・5%ということは、何もせずにこれだけで2兆5000億円になるんですよ！ すごいんだ。こんなに銀行はもらっているから、もううれしくて仕方がない、だから利上げすると特に喜んでしまうわけ。

利上げすると銀行がもうかる仕組みがもう1個ある。政策金利が0・25%上がったけれど、預金金利は0・1%しかない。でも貸出金利は0・25上がっている。ということは、そこで利ざやは拡大しているわけ。その上で日銀当座預金金利も上がったから、またお小遣いをもらえて嬉しい、ということ。

こんなのを平気で許しているというのがちょっと信じがたい。これを責めようとするなら、こんな理由が考えられる。

日銀当座預金金利を上げるということは、日銀が金融機関にお金を払うことになる。一方で日銀には国庫納付金があって、これは日銀のもうけを政府に納めるもの。日銀は政府の子会社だから、もうかった分は全額政府に納付する。それが予算書にも書いてある。予算書の中には、税収の項目の他に、「その他の収入」があって、日銀の納付金はそこに入っている。

予算というのは、税収とその他の収入をどのように配るかを、国会審議によって決めるわけだ。それなのに、先にその他の収入の一部を日銀が銀行に配っちゃった……ということになる。野党は国会で、「そんな話が今出てきている予算書のどこに書いてあるんですか⁉　勝手に予算審議の前に配ってしまって、こんなでたらめな予算書なんか受け取れません」という風に言ってもいいんだ。数字が違うでしょう？　という言い方もしてもいい。この数字は違うから予算書を全部印刷し直しなさいと言ってもいいぐらいの話。まあそれでは単なる意地悪だが。

だが本来であれば、国会審議なしで先に銀行だけに配ってしまったというのはとんでもない話では？　政策金利の引き上げに伴って民間の預金金利と貸出資金が動くのは分かる。でも日銀当座預金を一緒に上げてはいけない。日銀は変なことをやっている。

現時点で2兆5000億円、さらにこれから年内あと2回くらい政策金利の引き上げがあると思う。そうすると、0・25ずつ上げて、年内に政策金利が1％に行くことになる。

同じように日銀当座預金の金利を引き上げれば、銀行のお小遣いは5兆円になるということだ。すごいよ。そのくらいは平気で銀行に配るけれど、「壁」の178万円の話、今は123万円で止まっているけれど、そこについてはすごくシブチンなのはおかしい。国民にはシブチンだけど、金融機関には簡単にポンポンポンポンお金で配っている形になってしまう。

――5兆円ともなると、かなりの部分賄えますよね？

賄えちゃう。すごい話。だからこんな話、「野党が放っておいたらいけないよ」ということで、私はいろいろな人に言ってしまっているけれど。

――日銀当座預金の金利を上げることは、法的には何かルールがあるんですか？

日銀が勝手に決めているだけ。勝手に決めて、国庫への納付金を減らしているという、ただそれだけだ。普通に考えて、日銀当座預金には金利をつけてはいけないと財務省が指導すればいい。だって以前はついてなかったし、普通の民間の当座預金は金利がついてない。民間にはなぜ金利がついてないかと言うと、法律で当座預金に金利を付けてはいけないと書いてあるからだけだが、金融機関の日銀に対する当座預金にはそういう規定がないといって、勝手につけているだけだから。

――ちょっとそれはずるすぎる感じが……。

すごく変だ。もし昔から今までずっと日銀当座預金に金利を付けていたのなら、それはそれで1つの考え方もしれないが、ちょっと前まで付けていなかった、金利ゼロで当たり前だったのに、それをこんなに金利をつけるというのは変だ。

ということで、ぜひ国会で政府をいじめてもらいたい。これ、石破さんは現在の三井住友銀行出身だから、金融業界に甘いのではないか……と邪推されてしまいますよ。

でも先日、その三井住友銀行の人に聞いたら、「石破さんがうちの出身であることは言わないでください」なんて言われちゃった。「もう恥ずかしくてしょうがない、だからうちの出身であることは言わないでください」と(笑)。その人、銀行に入ってきた時に石破さんの近くにいた人らしくて、石破さんのことは結構知っているとは言っていたけれど。

――思い返すと、やはり白川総裁はとんでもない人だった？　日銀当座預金に金利を付けるだなんて……。

とんでもない人、とんでもない話で、そもそも当座預金に金利をつけるという発想自体がおかしい。これは銀行へのお小遣いでしかない。

――しかもリーマン・ショックの時、金融緩和をしなかった。

しなかった。だからものすごく間違った人だ。今では影も形もない。どこかで隠遁生活しているのでは。いくら何でもかっこ悪くて、もう出てこられないよ。

――日銀審議委員は、今はもう完全に反リフレ派？

今はもう全然違う。先日新しく審議委員になった人も完全に岸田さんの方のグループで、リフレ派はどんどん抜けて、ほぼいなくなる。

――それは、これからリフレ派に替えようと思っても、少しずつしか戻していけないんですか？

任期があるからね。任期終わった時に違う人に替えるしかない。任期の途中でやめさせることはない。そうすると、次に安倍さんみたいな長期政権がない限り、なかなか変わらないだろう。

――では、しばらくはおかしなことをする日銀が続く？

あと少なくとも3年はすると思う。総裁と副総裁の任期が3年ちょっと残っているから。日銀審議委員は9人いるけれど、総裁、副総裁の3人が中心で、そこになびく人もいるから。3人がポイントになる。

――今新しく審議委員になる人を国会で拒否してもあまり意味はないということですか？

でも野党の方で、岸田さんや石破さんに近い人が多いから、国会では否決されないだろう。どちらかというと野党にも引き締めが好きな人が多い。安倍さんが前にリフレをやる時、野党はリフレはダメだと反対したくらいだからね。

（2025年2月10日）

トランプ関税で世界恐慌を恐れるより、在米中国人の大挙日本移住を恐れよ！

――「トランプ関税4カ国でGDP90兆円消失、半分は米国自身」というニュースがありまして、関税をかけることによって世界恐慌が起こるとか、貿易戦争が始まるなどと言っている人がいるのですが、髙橋さんの見立てはどうでしょう?

関税だけをとらまえれば、アメリカ国民に対して輸入品の消費増税をするようなものだから、アメリカ国民がちょっと損になるのは間違いない。一方で、アメリカに輸出している国の輸出が落ちるので、こういう数字が出てくること自体はそんなに間違いではない。

関税だけを見たら確かに変な話で、やらない方がいい。でも4カ国で90兆円というのは、べらぼうに大きな数字ではない。これによって大恐慌になるとか、そういうのはなかなか起こりえない数字です。

アメリカ国内では税収が上がるけれど、実はそれを全部所得税減税かなにかで返したりするから、あまり影響が出にくいんです。関税引き上げの面だけを見れば確かに90兆円の半分の45兆円損失などという数字が出るけれど、所得税減税をしたりすれば、案外影響はなくなる。

海外の方は、その意味ではちょっと影響が出るだろうが、それは主に中国だろう。中国はGDPが結構落ちるのではないか。

トランプは「タリフマン」を自称して関税がすごく得意だが、トランプがしゃべっているとき、時々関税を外国の企業から取っているのだと言うけれど、関税はアメリカ国民から取るのであって、トランプはその点結構間違ったことも時々言う。

一方で、日本のマスコミなどでは、アメリカが関税をかけると世界貿易は大変なことになってしまう、大恐慌になるとかいう人がいるけれど、これもおかしい。

大恐慌の考え方として教科書などに時々「ブロック経済化してしまって大変になってしまう」などという記述があるけれど、今から20～30年ぐらい前の研究で、そうではなかったという説が出て今や通説になっている。それが私のプリンストンでの先生だったバーナンキなどが言っていたこと。大恐慌の原因として一番大きかったのは金本位制。金本位制によって柔軟に金融緩和ができなかったのです。

金本位制とは金の量に基づいて金融政策が決まるから、金融政策しないのと一緒なんです。なぜなら金融緩和で対応しようとするときに金が急に増えるわけではないから。

大恐慌の原因は金本位制であって、ブロック経済化などは、それに輪をかけたというレベルの話。今は金本位制ではないので、国内経済が大変なら、金融政策と財政政策を発動すれば、ある程度なんとかなる。発動するかしないかが最後の問題になる。

関税の問題で影響の大きい国は金融政策と財政政策を発動する。日本を考えると影響がめちゃくちゃ大きいわけではなさそうだが、メキシコやカナダ、中国というのは、アメリカの3大輸入国で、そこに関税をかけようとしているわけだ。

これが4番目、5番目になると、ドイツ、日本になるが、これはかつて安倍さんが、アメリカがTPPを離脱した後でディールして、日米FTAで関税交渉をして事なきを得たこともある。石破さんのディール次第で、ダメージを小さくすることもできる。

トランプが嫌いだ、けしからんという人は、例えばトランプが不法移民を追い返すと言うと、それに反対する人もいる。これ、「不法」だから、仕方がないと思う。すると、「不法移民を追い返すと労働力が不足してインフレになる」とか言う人もいるが、一方でエネルギー価格は、「ドリル・ベイビー・ドリル」（掘って掘って掘りまくれ）で化石燃料を掘って、そちらで物価が下がるからインフレ論は結構眉唾もの。インフレになると言われているから、トランプはインフレにならない政策も随分しているわけだ。一方だけの話を取り上げてトランプはとんでもないというのは、トランプの政策全部を見たとき、案外当たっていないのではないかと思う。

――メキシコやカナダの関税も、もしかしたらディールで解決する可能性はある？

可能性はあるが、トランプはいつも本気だから。要するにトランプが吹っかけているのではないかと見るのはちょっと間違いで、あの人は結構言ったことを本気でやる。その代わり相手が屈したら、「じゃあやめる」となって、それだけの話だ。

カナダにもメキシコにも「不法移民がたくさん来るから何とかしてくれ」という名目だ。特にメキシコ。それを何とかすれば、関税はかけないのでは。今のところ何とも言えないが、メキシコの不法移民が看過できないレベルになっているということ。

「不法移民は不法ではない」と、何だか「イケガＭｅＴｏｏ」の人たちが言っていたらしいけれど、どう考えても不法移民なんだから不法だ。「犯罪犯していない」なんて言うけれど、犯しているよ、すでに。だから不法移民を追い返すのは当たり前。

私が懸念しているのは、不法移民とともに、アメリカでは子どもの誘拐が多いこと。私の映画コーナーで「サウンド・オブ・フリーダム」という作品を紹介した。あれは実話だが、実はつい最近まで放映できなかった。不法移民とともに、トランプは子どもの誘拐などにも着目していて、そのために関税をかけると言っている。もしもメキシコが、この点についてうまく対応すれば、関税の話はなくなるのではないか。現時点でも1カ月猶予している状況だし、ディールしているような感じがする。

これ、メキシコがまともに関税をかけられてしまうと、日本企業もメキシコに工場を作っているケースがあるから、日本も結構影響を受けてしまう。名目は不法移民の対策のためだから、メキシコ政府がそこをしっかりしてくれれば問題ないのでは？

――カナダは結局どういうことなんでしょう？

カナダには関税を課すかもしれない（笑）。カナダは困ってしまうだろう。だから51番目の州になれと言っているけれど。本当になるかどうかは知らないが。

まあカナダとアメリカの間も、国境があってないようなもの。だからそこを不法移民の抜け穴にしてはいけないということだと思う。

ちょっと気になるのは中国。中国からも不法移民が……と言っているが、もしもアメリカから中国に帰れと言われたら、その人たちが中国に帰らず日本に来てしまうかもしれない。この点、日本は注意深く見ておいたほうがいいと思います。

私などは少しうがった見方をしているほうだが、最近日本が中国に対してビザの緩和なんてしている。まさかこれで、アメリカから返される不法移民を受けいれてしまうなんてことが水面下で行われたら困る……なんて思っていますけどね。


（2025年2月6日）

「最低賃金1500円は無理」がパッとわからない石破さん

——石破総理ですが、最低賃金を2020年代に1500円に、と発言しています。これについて改めてお聞きしたいんですが……。

なんか言っているよね。で、こういう話が出た時に多くの人は数字を計算しようと思わないらしいけれど、私はいつも条件反射的に、すぐ計算したくなってしまう。これはもう癖みたいなもの。「なんでそんな計算好きなの?」って聞かれるけれど、好きだから好きと言うしかない。

さて、2020年代とは2029年まで。今2025年だから、今年を入れてあと5年。2024年の最低賃金は1055円。これを5年間で1500円にするための計算は、Excelなんかで簡単にできる。

何をするかというと、2024年に1055円、2029年に1500円だから、1055円に5回、どのくらいの同じ数値をかけ続けた結果が1500円になるかを探せばいい。先に答えを言ってしまうと7・4%。つまり、2025年以降は毎年1・074をかけて……

2024年　1055円
2025年　1055　×1・074=1133・1円
2026年　1133・1×1・074=1216・9円
2027年　1216・9×1・074=1306・9円
2028年　1306・9×1・074=1403・7円

2029年 1403・7×1・074＝1507・6円

ということになる。

毎年7・4％上昇と言われても実感はわきにくいだろうから、これがどの程度の数字なのかを探るために、過去40年間の最低賃金の上昇率を見てみる。すると、平均で2・7％、最高の年でも6・9％という数字が出てくる。

――その6・9％というのは、高度経済成長当時？

そう。だから、最低賃金を今後5年間毎年7・4％ずつ伸ばすというのは、過去40年間で1回も達成できなかった数字を5年連発でやること。まあ、苦しいでしょう。

私はテレビで、5年で最低賃金1500円という目標を聞かされたとき、目の子で暗算して、こんな話にはなりっこないとすぐに思ったから、実際にそう言った。

――1・074を導き出そうと思ったら、逆算すればいい？

逆算する。1500円を1055円で割るとおよそ1・42。1に同じ数字を5回かける（5乗する）と1・42になる、ということだから、1・42の「5分の1乗」を求めて1を引けば答えが出る。方程式で解けばこういう話だけれど、同じような話をＥｘｃｅｌで組めばいいだけ。1行分だけ書いて、あとはコピペして、1・06とか1・07とか適当な数字を入れてだんだん近い答えを見つけるやり方でも、ちょっとやってみればすぐわかる話。

ぜひ皆さんにも、数字に出くわしたら計算する癖をつけてほしい。せっかくExcelがパソコンやスマホに入っているのにみんな使わないよね。ぜひこういう機会にでも活用してみたらとは思うけれど。最初は時間がかかるかもしれないが、慣れればたった数分でできる話。計算をすれば、こんなの無理な数字だということがすぐ分かるわけだ。

石破さんは、「これは目標である」っていう。

目標だって、できるような目標でないとだめだ。あえて言えば、100点を1回も取ったことがないのに、5回連続で100点取れと言われたら、もういやになってしまう。

――1500円は、10年間かけてギリギリ行けるかどうかくらい？

さっき見た平均値の2・6％だと、10年でも1500円には届かない。全然届かないから、やる気もなくなってしまうという話になる。

こういう計画やる時には、過去最高レベルを5年の中で1～2回程度、なんとか届きそうだと思えるような数字にしなきゃだめだ。

――目標があまりにも遠すぎると、確かにやる気は出ないですね。

だって40年間1度も達成していないことを、5年連続ってどうやるの？　手が届きそうな目標にしないとみんなわからない。ちょっと嫌みっぽいけど、「偏差値100取れ」と言われたら取れる？

——取れないですよね。1回も取ったことないし。

そりゃそうだ。偏差値60の人に100取れって言っても無理でしょう、1回も取ったことがないんだから。そういう話は言ったらだめだ。

——せめて65にしろ、と言われたらがんばれそう。

65なら届くかもしれないし、回りを見た時に、「あいつも偏差値65だな」と分かったらやる気になるかもしれない。

5年で1500円というのは目標の与え方としても非常にまずいし、こんなの発言する前に、誰かが計算してあげて、「過去40年間で1回も達成したことがないし、しかもそれを5年連発なんてできないですよ」と言ってあげなければ。

——誰も言ってあげられない？

だから話に出てしまうのでは？

——石破さんは思いつきですか？

思いつきだよ。

――切りのいい数字だから1500円と言っているだけ?

そりゃそうだ。こういうのは、安倍政権の時もあった。私は安倍さんに、「最低賃金は前の年の失業率やインフレ率などで決まる。そうするとせいぜい3%のレベルにしか行きません」と言ってあげた。するとと安倍さんはそれを逆手にとって、「それなら今年は3%くらいは行くのか?」と言うから、「それなら手が届きます」と言ったら、逆にこの話を表で言って、自分の政治的な手柄にした。「今年は最低賃金が3%上がります」と説明したわけ。それで、実際その通りに行くから、安倍さんのおかげで最低賃金が上がった、労働組合のおかげではないとみんな思うわけだ。

――それ、安倍さんは、政策的にただ言っただけなんですか?

そう。安倍さんはもうちょっと高い数字を言いたかったけれど、私は「それは無理です」と言った。それで可能な数字を安倍さんが先に言った。先に言うことが重要。最初に言った人が一番すごい人になる。だから労働組合の交渉の前に言った。

新聞は「安倍さんがプレッシャーをかけている」と書いた。全くそうではなくて、前の年の数字からそういう風に決まるだろうという話を、政治家だから、「3%の方向で」と言い切ってしまうわけ。そうすると労働組合が一生懸命やったのではなく、安倍さんがやったように思える。それでいいんだけど。

――左が騒いでいましたね。「官製賃上げ」だ、みたいなことで。

官製賃上げでもなくて、私が「そのくらい行きます」って言ったら安倍さんがそれを政治的にうまく使った。でも、結果的にそうなったんだよ。

数字はこう使えばいいのに、石破さんのような使い方をすると、信ぴょう性がなくなってしまう。目標を数字で出すなら、ある程度信頼性を持たせるために、実績や成功例から行かなきゃだめ。そういう意味で石破さんは政治的にあまりうまくない。スモールサクセス、小さな成功例から少しずつ言っていけば、目標に信頼性が出てきて、よりみんなの気持ちがそこに向かうようになるのだから、まずは成功例から行かないとだめ。

石破さんの最低賃金の話は、いきなり「もう無理」という形になってしまう。今、私がもしスタッフだったら、1年目として、まずは4%上昇とか、5%上昇という数字を出してみましょうか？　と言うだろう。そして1年目で当たれば、それを見てみんな「おっ？」と思うわけ。

――そうですね。

本当は、まず1年目を当てることを考える。目標に信ぴょう性が出てきて、この人の言うことならば……という風に思わせられるから。

でも実際に最低賃金引き上げの時期は秋だから。石破さん、秋までにいなくなっているかもしれないから、適当に言っているのかもしれないけどね(笑)。

(2025年1月17日)

一人当たりGDPが韓国に抜かれた理由は財務省のおバカのせい!

――テレビのモーニングショーで、「1人当たりGDPで韓国に抜かれた、大変だ」という話をしていたんですが……。

為替をドルにそろえて比較すると、日本があまりいい数字でないことは間違いない。ただ、どうしてそうなるのか、という話をしなければいけない。数字だけ見て右往左往しても仕方がない。

これは、過去30年間がどうだったかという話につきる。過去10年くらいで比較している番組があったけれど、こういうのは目いっぱい長めに取るのが大切。

ということで、まず過去30年間の、G7各国の名目GDPの推移を並べてみる（96P参照）。1991年を100として2023年まで並べたデータを作ると、なぜか一番下に日本がいる。

――全く伸びてないですね。

ほとんど伸びていない。30年間ほとんど伸びてないのは日本だけ。そうすると、いくらなんでも他の国が伸びているから、これはもう厳しい。

では、この30年間は何だったのかについていろいろな議論があるけれど、ここがパッと答えられるか答えられないか。答えられない人は、今までもこれからもずっと間違えると思う。

「日本が競争的ではなかった」とかいろいろなことを言う人がいるが、でもこういう話はデータで見たらいい。

私は、この名目GDPと似ているデータを探すことを趣味みたいにやっているが、世界中のデータを集めてきて探した結果、そっくりなものが実は1個ある。それが、名目政府投資の推移（97P参照）。この数字をやはり1991年を100として出すと、名目GDP

名目GDPの推移（1991=100）

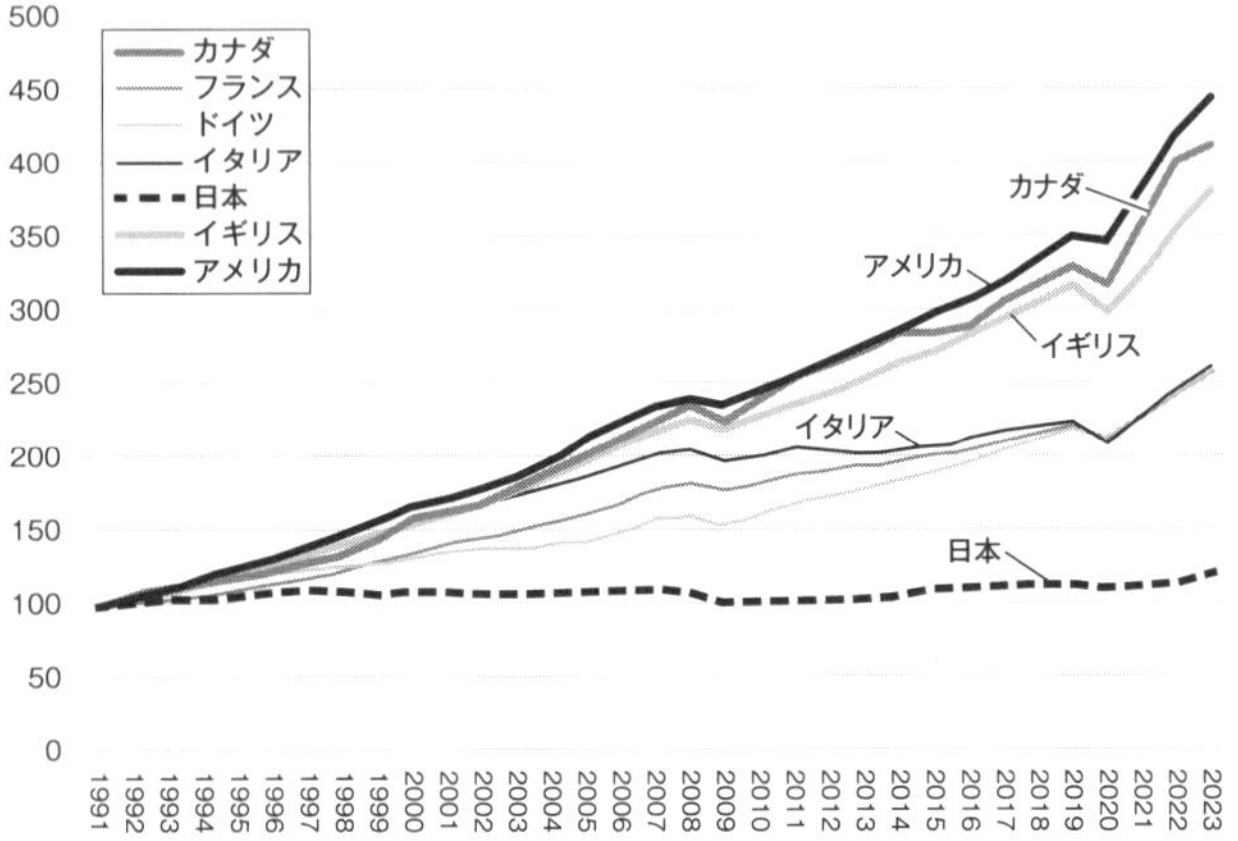

の推移とそっくりなんだ。

——かなり似ていますね。

そこで、ＧＤＰが伸びない理由として、まずは名目政府投資が怪しいと考えるわけだ。なぜなら、名目政府投資は政府の意図で決められるから。一方で、もちろんＧＤＰは政府が決められない。

政府が投資するとＧＤＰが成長する理由として経済理論から出てくるのは、政府投資を決めるとそれに付随して民間投資が出てくるということ。

例えば道路を作れば、その回りにビジネスなどで民間の人がどんどんやって来る。

これは、民間企業が鉄道を走らせる話とそっくり。鉄道を走らせた企業が、周辺の不動産

名目政府投資の推移（1991=100）

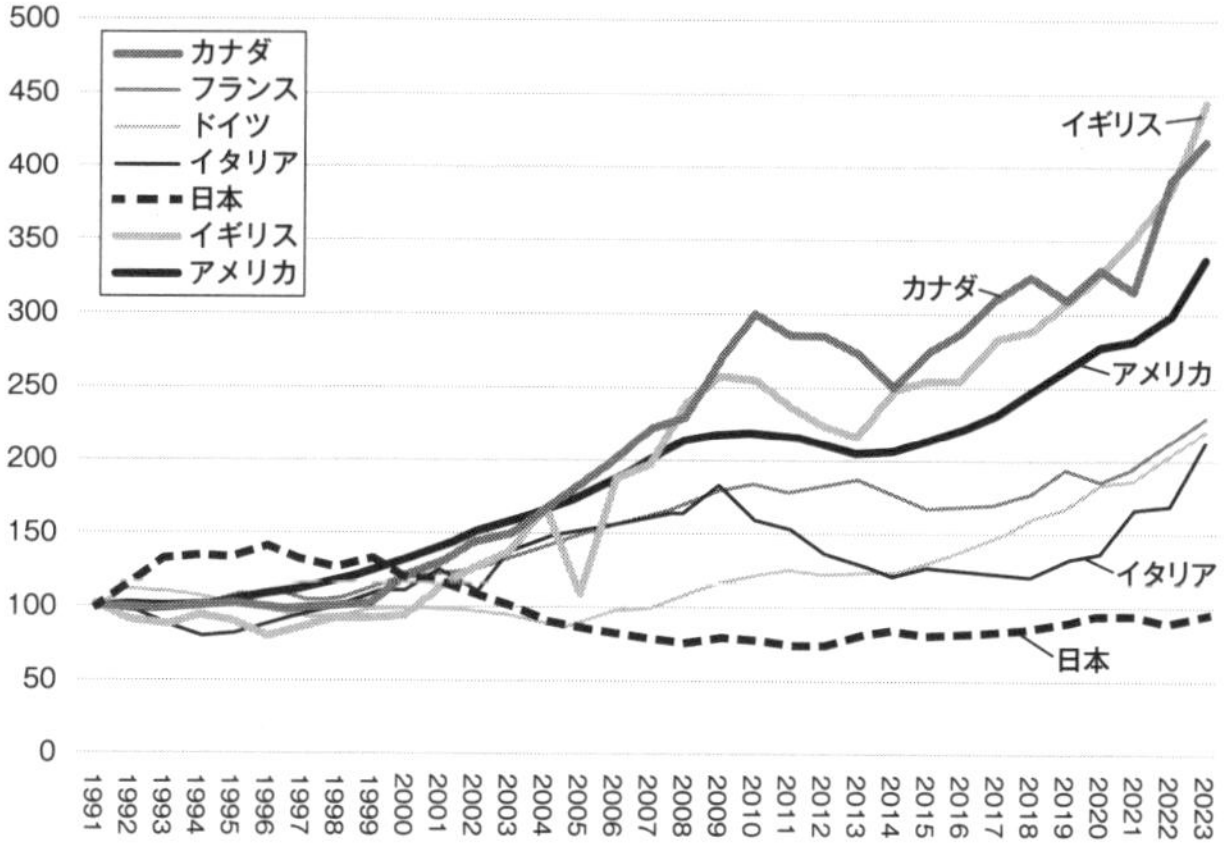

開発を一緒にするのと同じ。政府は不動産投資をしないから、道路ができるという話と回りの民間が潤う。端的に言えばそういう話だ。ダムを作ればもう洪水の心配はなくなるから、といった形で民間が出てくる。「呼び水」という言い方をするが、つまり政府投資をすると民間が出てくるということ。

そして、そこに所得が生まれる。政府投資で一生懸命仕事している労働者がいるから、政府がインフラに投資する際に給料、労賃がもらえる。民間が来ればそこでも給料がもらえる人が出て、それらがまた消費に戻る。こうした好循環があるから、名目政府投資を決めるとGDPがかなり決まることになる。

名目政府投資を決めると経済投資が決まる

という経済理論があると、この2つのデータの関係は、単なる相関関係ではなく、因果関係ではないかということになる。もっともこれを証明するのは少し難しいが。

ただ、こういう風に説明すると、相関関係だけ、形だけで、因果関係ではないという人がいる。でも細かく見ていくと、かなり因果関係に近い。データを見れば、名目GDPが伸びない理由は「政府投資が低かったから」に尽きる。

では、政府投資がなぜ低かったか。政府投資をするためには採択基準というものがある。いわば「政府の中の金利」で、これが高いと採択しにくい。政府の中の金利が低いと、調達コストも低くなるから政府の投資がしやすくなる。

私が政府の中の採択基準における政府の中の金利をずっと調べていたら、ある時から4%という異常に高い数字をずっと設定していたことに気がついた。これを国土交通省にぶつけたら、国交省はぐうの音も出ない。

――そうなんですね。

おかしいよ。本当なら国交省は、「政府の中の金利が4%では高すぎるので1%にしましょう」というのが普通だが、その時の担当者がなんと財務省の傀儡《かいらい》みたいなやつだったから、「4%でいいんだ」とずっと言い続けていた。それが今に至っている。

その人は国交省で偉くなったが、その後安倍政権、菅政権では追い出した。それが岸田政権、石破政権では戻ってきて、今官邸の中枢にいる。これが結果ですよ。火を見るより明らかだが、財務省の人間の悪辣なる話が国交省の幹部にまで及んでいて、その国交省の幹部は財務省の手下のごとくうまく振る舞ったから今も安泰な身分だということ。これが私の答え。

こうしているから、1人当たりのGDPも抜かれてしまう。30年も政府投資が少ない状態を続ければ、30年無駄をしていたんだから抜かれるよ。他の国は競争をしているのだから。駅伝と同じ。みんな走っているのに、1人だけでも立ち止まったら、あっという間にビリになる。箱根駅伝でもみんなが同じようなスピードで走るから、順位は多少つくけれど、大きく離れるということはことない。しかし、日本は1人だけ立ち止まったわけ。

――テレビの報道ですと、「日本は労働生産性が低い」みたいなことを言っていましたけれど、それは全く勘違い？

全然そうではない。政府投資で説明できてしまう状況で、政府投資をしていないんだから。

労働生産性というのは、GDPから結果的に出てくる数字です。GDPが高くなれば労働生産性も高い数字が出てくるだけ。ＧＤＰと労働生産性は、実は同じようなことを言っているだけだ。経済統計を知っている人から見れば、労働生産性が低いとは、単にＧＤＰが低かったことを言い直しているだけだとすぐ思う。

――テレビではよく、日本のシステムはいろいろなところに書類を通さなければいけないから無駄が多い、みたいな話をやたら取り上げていますけれど……。

無駄が多いのはずっと昔から。高度成長の時から無駄も多かった。でも当時はＧＤＰが伸びていたのだから関係ない。無駄が多くても仕事があればいいだけの話だ。それを自分の会社の話と勘違いしてしまうんだろうね。

確かに無駄があるかもしれないけれど、それよりはお金がたくさん降っていることのほうが大きい。お金が降ってくれば、無駄なんて、はっきり言ってぶっ飛んでしまう。

逆に、政府からたくさんお金が降ってくれば、無駄なことをしていてもそれでお金がもらえる時がある。それでもいいんだ。

だから高度成長の時には案外無駄をたくさんしていたけれど、お金が政府からたくさん降って来たから、そのお金を無駄な人に分け与えていたと思えばいいだけなんです。

（２０２５年1月13日）

実は簡単な2025年日本の株価予想、大恐慌にはならないよ！

――「2025年。今年の経済はどうなる？」という話ですが、いろいろなことを言う人がいますので、年頭時点での髙橋さんの意見をぜひ。

最初に言っておくと、経済は政治の裏側。政治がどうなるかに結構依存する。

政治のほうが、実はもう石破さんがいつまで持つかよくわからなくなっていて、短いところでは25年度予算成立とともにさよならと予測している人もいるし、もめもめすると参議院選挙まで行くのでは？　という予想もあって、今は分かれている。

25年度の予算とともに退陣、ということは、野党が結託して内閣不信任案を出せば成立してしまうから、野党が結託すれば予算とともにアウトという線は出てくる。ただ今のところ財務省が狡猾に野党の分断をやっている。立民、維新と国民民主をうまく手玉に取って、国民の「178万円」を協議しているような形にしておいて、その後維新を持ち出してそれを打ち消して、さらに維新の話も最後は立憲の話で全部ぶっ飛ばしてやるという分断化が今のところ成功している。

となると、案外内閣不信任案も足並みが乱れる可能性がまあある。そうすると予算が足並み乱れたまま成立するということ。こうなると、4月、25年度予算成立とともに石破退陣かどうかは、最終的に自民党内の「石破おろし」の動向にかかってくる。

自民党の中の保守系と呼ばれている人たちは、外野から見ていると、あの人たち何なのか、ガス抜きしているだけなのでは、と言われているくらいに周りから不満がずいぶん出ていて、「石破おろし」をやるやると言っていて、全然やらないんだ。

本来「石破おろし」は去年の衆議院選挙に負けた後すぐ出ておかしくなかった話だけど、出なかった理由はよくわからない。まだタイミングじゃないと言うけれど、そのタイミングが3月の予算成立を超えると、もう本当に何もしないのか？ という感じになる。

普通に考えると自民党の保守系の人たちが「石破おろし」に出て、これで野党の不信任案が出るかもしれないという状況のもとで石破さんが辞めるというのが普通のシナリオなんだけど。そうすると、次期総理が高市さんになるのか、他の人になるのかで混迷する。他の人というのは、岸田さんの再登板とか、林芳正さんとか。

経済を考えるとどちらになるかによって全然違うから、すごく読みづらい。高市さんになったら株価も上がるが、岸田さんになると今だって「キシバ」なのに……またかという感じ。林さんになっても基本的に同じでしょ。

そこはちょっと読みづらいし、3月の政局になっても読みづらい。政局がもしもダメなままだと、参議院選挙までずるずると石破政権が続く。そうすると景気はあまり良くない。これがまず基本的なシナリオ。つまり「政治の状況が分からないとなかなか見にくい」というのが答えになってしまう。

でも、日本経済だけを見ると結構簡単なロジックがあるので紹介しておきます。実は日本経済、名目GDPだと大体為替で説明できてしまう。これは意外かもしれないけれど。

私が昔から言っていることだが、名目GDPと為替のグラフを重ねると意外なくらいそっくりなんです。もし何もしなければ、政策などを抜きにすれば為替次第だということですね。

では高度成長は何だったのかと言われるけれど、それは為替が非常に安かったから。戦後はこれでかなり説明できてしまう。戦後も本当は1ドル＝120円、130円、150円ぐらいで良かったのに、360円で異常に安かったことで説明できてしまう。NHKの「プロジェクトX」ってあるでしょう？　日本人が戦後努力して歯を食いしばって立ち上がってきた……という話が為替で説明できちゃうというと、結構がっかりされて、感情を逆なでしてしまう。でもこの話をすると安倍さんがすごく喜んでいて、これ面白いねって言われたことがあった。

別の本でも書いたけれど、この話を安倍さんが自分の講演会で説明してくれて、私にもちょっと話してくれと言われたことがあった。そうすると、聴衆はみんながっかり来る。アベノミクスは基本的に円安を指向していたから間違いではないんですよ、と私は言ったけれど。

この話だけでは少しつまらないし、多くの人は経済ということでは株価の動向に関心があると思う。株価が何で決まるかというと、実はこれも単純。

はっきり言うと、日経平均株価は、為替とアメリカのニューヨーク・ダウ平均株価で決まる。

ダウと為替が決まると、日経平均との相関係数が0・97、つまり97％分かるという話で、これも嫌になるくらい単純。

1個では説明しにくいが、ダウと為替の2個にすると、ぴったり当たる。従って日経平均を当てようと思ったら、為替とダウの予測ができればいい。もちろん為替とダウの予測をするのは難しいけれど。

でも、ある人が「日経平均は3000円になっちゃう」と言っていた。その人は為替が1ドル＝70円だと言っているから、日経平均3000円、為替70円とするとダウがどのくらいになるかは計算できる。答えはダウ3500ドル、今から10分の1以下の水準になるという話。そうなれば確かに日経平均も3000円になるし、その人は大恐慌になると言っているけれど、多分大恐慌のメカニズムを知らないから言えるのだろう。

今、大恐慌になる確率は極めて低い。なぜなら前述の通り、バーナンキなどのおかげで大恐慌の理由はもう大体分かっているから。大恐慌になった理由は、一言で言えば当時は金本位制を取っていたからだ。

――ということは、金が増えなかったらお金も増えない？

そういうこと。今は自然に金本位制への反省があって、金本位制をとっている国はほとんどない。現在は管理通貨制度と言って、金と関係なく、お金を刷ったり減らしたりしている。

なぜそうしたかと言うと、それはやはり大恐慌があったから。バーナンキなどが研究してくれたおかげで、今はその理由が明らかになっている。1929年の大恐慌以降、金本位制を離脱した国、金本位制にずっと固執した国があった。つまりこれは壮大な実験みたいな状況だった。バーナンキは、金本位制を早く離脱した国ほど大恐慌から復活したことを、きれいに説明した。

私がアメリカに行った時、バーナンキに金本位制の話をしていて、「実は日本では金本位制に固執した浜口雄幸がすごいという小説があるんです」って言ったら、「洋一、それ間違いだよ、俺のこの文章を見ろ」と言う。それを読んだら、やはり浜口雄幸は大馬鹿だった。

正反対だったのが高橋是清。で、バーナンキに「高橋是清は洋一の親戚か？」って聞かれて、思わず私はうーってなっちゃって明確に答えられなかった(笑)。それ以来バーナンキは私が高橋是清の親戚と思い込んでしまった。最後は違うって言っておいた。ともかく、やはり高橋是清はすごかった。金本位制を離脱して、すぐちゃんとした金融政策が打てていたことがはっきり出ている。

つまり、金本位制があるかないかで大恐慌になるかどうかが決まったんです。今先進国で金本位制を取っている国はないから、大恐慌みたいなことはまず起こらない。だからリーマン・ショックが起こっても、その後のリカバリーは簡単だった。それでバーナンキはノーベル賞を取ったわけ。「大恐慌が起こる、起こる」という人は、大恐慌の起こった理由を分からないで言っている人だ。

話を戻すと、要は日本の株価は為替とダウで決まってくる。そうするとダウは現在から下がってもせいぜい4万ドルを少し下回るかどうかというレベルでは。

ならば、日本の株価もそんなに下がらない。大丈夫です。為替が多少円高になったところで、あくまで多少の話。大暴落して日経平均が3000円なんかには絶対にならない、そういう答えになる。

今年の日経平均がどのくらいになるのか予想できるかというと、円はちょっと円高にはなると思う。多分1ドル＝130円レベル。一方、ダウはトランプ政権誕生で伸びるだろう。こうなると、日経平均は4万円を超える確率が結構高い、というのが私の答え、予想になる。

ただし、前半で述べたような政治情勢、ちょっと際どい政治状況を無視した議論なので、政治の行方によってプラスマイナスがあるかもしれない。だが、基本のシナリオはこんなところです。

（2025年1月10日）

日米金融政策の違いは「日銀は雇用を見ずに金融界を見ている」こと

――先日（2024年9月18日）アメリカのFRB（連邦準備制度理事会）が利下げを発表しまして、その後日本銀行は金融政策現状維持で金利据え置きという発表（同20日）がありましたけれども。

ちょうど同じ時期にやったから、2つの中央銀行がどのように考えているかがよくわかって、いい金融政策の勉強の題材になっている。日本のいろいろな記事の解説を見ていると、アメリカの話と日本の話をバラバラに説明している。アメリカが利下げした理由としては、実ははっきりと「雇用の確保」のためにやっているんだ。日本のほうは本当は利上げしたいけれど、アメリカが同時期に金利を下げてしまったから、ちょっとやりにくくなって自重していた感じだね。

アメリカの利下げ幅が0・5%だから大きいとか言うけど、FRBが何を見ているかというと、最初に実質GDPの変化率、次に失業率、3番目にインフレ率。この3つを見ながらやっている。日本の場合はどうなっているかというと、実質GDPと消費者物価の2

つしかない。失業率を見ているか見てないかで議論があって、植田和男総裁なんかは、口では見ていると言うけれど、私はもう単純だから、「見ているのならきちんと書きなさいよ」と言ってきた。でも書けないいんだよ（笑）。日銀官僚の言い訳は、要するに失業率、雇用までは自分たちの責任ではない、法律に書いてないと言うけれど、FRBだって書いていないけど見ている。こんなものは運用というか、どこに向かって金融政策を考えるかというだけの話。見ているなら書けよって何回も言ったけれど、書かない。なぜか。書いたら利上げできなくなるから。

――そういうことか。

アメリカの場合、利下げする時には雇用の話を理由としていて、利上げする時には実はインフレ率なんだけれど、インフレ率と失業率の間には逆相関関係があるというのは、私も何度も言ってきた。これは安倍晋三回顧録にも書いてあるフィリップス関係というやつで、経済学の基本中の基本だ。両者に関係があるのは間違いないけれど、アメリカは今後失業率が高めになりそうだから、今利下げするということ。インフレ率を見るとアメリカは2%を超えていて結構高い。日本は2・5%くらいで多少高めだから、日銀は利上げしたいと言うけれど、日本とアメリカの状況は似ているから、そこから出てくるのは利下げという答えしかないはずだ。

もしも日銀が失業率を書けば利下げしかなくなる。利上げできなくなる。利上げしたいからインフレ率しか書いていないのが実態だ。日米両方を比べれば分かる。インフレ率しか見ていないと、せいぜい実質GDPが下がっている時に利上げしたらまずいくらいのことしか言えない。アメリカの場合は実質GDPと失業率の両方が書いてあって、影響があるような利上げはまずいとすぐ言えるけれど。日銀はなかなかダメだね。

――これはやはり、日銀が金融界を見ているから……というのを、前も伺ったことがありますが。

そう。要するに利上げのほうにバイアスがあるから、失業率を載せていない。

――FRBはそこはあまり関係ない?

関係ないよ。どちらかというと失業率のほうが重要だから。私なんか安倍さんに「金融政策は雇用政策ですよ」って何回も言ってきたけれど、日本の場合は日銀官僚が「金融政策が雇用政策だとは言えない、失業率が書いてないからだ」と、わけのわからない反論をしてくる。おかしいよ。「失業率を見ていなきゃおかしいだろう」と言うと、今度は「見ている」って言う。見ているのなら書けよ、と言うと、「書けない」って言う。もうわけがわからないよ。

利上げしたくて仕方がなくて、インフレ率が2%くらいの話なのに、ちょっと超えたぐらいでも利上げしたくなる。もうどうしようもない。

――だってアメリカはインフレ率が2・3%なのに、反対に利下げしようとしているわけですよね？

そうそう。アメリカのインフレ率は2%が目標なんだけど、2～4%の間は誤差みたいな話だから、そんなに気にしないんだ。でも日本は利上げしたい気持ちが先に立つから、ほんのちょっと超えただけでも利上げしようと思うわけ。それを抑えるためには失業率を書かせるといいんだけど、わざと書かないで利上げしたい。

――結構かたくなですね。安倍さんが言ってもできなかった？

いやまあ、こういう話は、総理としては中央銀行の独立性があるからなかなか言いにくいけれど。私なんかは、「見ている」と口で言うくらいだったら書けばいいじゃんって言うけど、日銀官僚は書かない。

――これは、財務省も書いてほしくないんですか？

財務省はまあどっちでも構わない。なんとなく利上げして財政負担が出るというイメージを残していたほうがいいからだけど、本当は利上げと財政負担には関係がない。資産を持っているから。だからこの話は、財務省はあまりは関係ない。

――どちらかというと、日銀オンリーの話?

日銀のプロパーの人がものすごく抵抗する。

――邪推すると、金融界に恩を売って天下り、みたいな考えがあるから?

それは強いだろうな。アメリカのＦＲＢで金融界に天下る人なんてほとんどいないから。日本は多いけれど(笑)。

(２０２４年10月７日)

第3章

米国&国際情勢編

どうなる？「トランプ2.0劇場」

日米首脳会談で勃発、くだらんコミュニティノートとのバトル

――日米首脳会談を巡って、髙橋さんのXのポストとコミュニティノートのバトルが面白いことになりました。まず髙橋さんが、

石破・トランプ会談。30分、これはおそらく最小単位。これでは短すぎ。共同記者会見、上のとおり、もともと石破側がやりたくなかったのでトランプもそっけなかった。新しいメガネ、高いスーツとコートでみてくれはまずまずだったが、ポケットに手、すわる姿勢で台無し。官僚の用意した内容は後日……

とポストしたところ、そこにコミュニティノート（Xが導入している、ユーザー参加型で誰でも書き込める「ファクトチェック」機能）に、誰かが、

会談時間については、外務省の公刊情報を参考にしてください。

少人数会合：現地時間8日午前11時55分（日本時間8日午前1時55分）から約30分間
拡大会合（ワーキング・ランチ）：現地時間8日午後0時25分（日本時間8日午前2時25分）から約1時間20分間
各位におかれましては、風評加害をもたらしかねない悪質な印象操作には十分、ご留意ください。（参考情報）外務省URL（略）

……と書きました。つまり今回は拡大会合が長かったので、髙橋さんの話は印象操作だ、と言うわけです。そこで髙橋さんが再反論したわけですが。

再反論は最初あまりしなかったけれど、くだらない、レベルの低いノートだなと思ったので、普通は少人数会合をいうだろ。くだらんノートだなとポストしただけ。そうしたらそのポストにもまた、コミュニティノートがついて、ワーキングランチは普通に重要な会合です……うんぬんと書いてきた。

まあ、下っ端から見れば重要だろうが、トップから見ればワーキングランチなんてあまり重要ではない。会合に出ればいろいろな人がしゃべるから、トップはほとんど流しているだけだ。

私は安倍さんなどとよく話していたから、どういう首脳会談が重要か、首脳会談はどんな要素でできているかを言わなければならないと思う。

首脳会談において、1対1で行うものを、外交用語で「テタテ」と呼ぶ。これはフランス語における「2人だけの内密の話」＝〝tete-a-tete〟から来ている。つまりサシで、通訳しか入らない。

次に少人数会合。コミュニティノートにも書かれているが、これは首脳2人に加えてお互い1～2人の人物が加わる。さらに拡大会合がある。

私が安倍さんはじめ総理経験者から聞いた限りでは、やはりテタテをどれだけやるかが重要。個人的な親密関係を高めるから。少人数会合はまあそこに加えてもいい。

ということで、私のポストにいろいろコミュニティノートがついたから、それなら私もコミュニティノートに対してコミュニティノートみたいなものを付けようと思って、改めてポストをしたわけ。それが、

過去の首脳会談

2025・2・7　石破・トランプ　テタテなし、少人数30分、拡大80分

2022・5・23 岸田・バイデン テタテ30分、小人数50分、拡大55分
2021・4・16 菅・バイデン テタテ20分、小人数55分、拡大65分
2017・2・10・11 安部・トランプ テタテ等40分、拡大60分 ただし、11日のゴルフ27ホールなどで実質的なテタテ310分以上
会議の重要度 テタテ>>・・>小人数>・・>拡大
テタテとは二人だけ首脳会談

(出典元 外務省URL・略)

……というもの。(原文ママ)

安倍さんとトランプさん、菅さんとバイデンさん、岸田さんとバイデンさん、そして今回の石破さんとトランプさんを並べた。

最初の安倍さんとトランプさんの場合は、テタテ40分+次の日ゴルフで27ホールプレーしているから、これは1ホール10分と考えても270分、合計で310分というすごい長さ。さらにその時は泊まっていて、そこでもいろいろな話をしている。べらぼうにテタテが長かったということ。

安倍さんはそもそも就任前にもトランプタワーで会っていて、これもテタテが90分とい

うことだから、すごい。別格すぎて比較にならないかもしれない。

次の菅さん、岸田さんも長い。それに比べれば、石破・トランプ会談ではテタテがなかった。あってもほんの少しだろう。少人数も30分で短い。

私は結構優しいから、最初のXのポストでは、「会談時間が短い」とは書いたけれど、テタテがなかったとははっきり言わなかった。テタテ＋少人数会合を合計した数字で考えるのはよくある話だが、それでも30分だから短い。

安倍さんなんか、テタテだけが首脳会談だと私に言っていた。他の時間はあまり眼中になかったと思う。安倍さんや菅さんはそうだった。

拡大会合は、みんなでわーっとやっている場で、今回の石破・トランプはテタテなし、小人数30分、拡大80分だから、要は回りの取巻きがたくさんしゃべったという話だ。

あのコミュニティノート、多分外務省関係者が書いたのだろうけれど、きっと下っ端で、オレは頑張ったと言いたいんだ。承認欲求が強いんじゃないか？

皆さんが頑張ったのは私も認めるし、それはそれでいいが、私はそんな外務省の下っ端の承認要求になんか全然興味はないし、要するに首脳間の個人的な信頼関係がどのくらい構築されたかをひとつの判断材料としているから、会談時間が短いと言っただけだ。

――そうすると「時間の長さではない、内容が重要だ」みたいなことを言う人もいます。

でも、時間がある程度ないと無理だ。どんな会合でも、個人的関係をつなげる、作る時にはある程度時間が必要。だからみんな、テタテを一生懸命やる。テタテでどのようにお互いに打ち解けるかがポイントだから。このコミュニティノートを書いた人は、そんなことも知らないのだろうか？

今回、外務省の官僚が下準備をたくさんしたのはその通りだと思う。その時点では両首脳間に全然信頼関係がないのだから。

本来であれば事前に、就任式前に行けばよかった。でも外務省は行かせなかったわけだ。安倍さんは外務省の反対を押し切って就任式前に行っちゃった。外務省はウラで恨んでいると思う。私なんか逆にアレンジもしちゃったぐらい。安倍さんは当時、「外務省がやってくれないんだ」とぼやいていた。

テタテ、少人数会合が首脳会談のコア。もちろん拡大会合もあるが、それでも、全部含めても今回は短い。

こうして、時間について私がポストしたんだから、そこにもコミュニティノートつけたらどう？　と思うが。

——それ以降はついてないですね。

全部外務省の資料に基づいてまとめただけ。4つとも出典も示した。ちょっと辛かったのは、安倍さんのゴルフの話や事前の打ち合わせの話、外務省はあまり細かく書いていない。自分が関与していないから書けない。

今回の私のポストにコミュニティノートをつけるのなら、私の書いたポスト、もう一度見返してほしい。(原文ママ)と書いたけれど、「安倍」の漢字が間違っていて「安部」になっている。そこにノートをつけたらいい。

——本当だ。トラップ引っかけているわけですね。

間違って書いているけれど消せなかったから。そこにコミュニティノートをつけたら、それは当たり。

石破・トランプ会談の内容の話だが、外務省も事前の準備は一生懸命だったかもしれない。だが記者会見の最後にトランプが全く握手をしないでそのまま帰ってしまった。

しかもトランプが次の日に鉄鋼とアルミの関税の話をぶち上げたが、日本側はあの話を事前に教えてもらってはいなかったのかと思う。日本も対象に含まれているのに。

USスチールの話についても、民間同士の話なんて言いながら、民間の会社なら50%超の株式を保有して子会社にしてちゃんと経営したいというのが普通なのに、経営させないで50%以下にして金だけ出せ……なんて言われたら、民間のほうも困ってしまう。金だけ出して口は出せないのだから。

そういう話でセッティングしてしまったということでは? ここはトランプになんとかしてくれとか、いろいろな裏技を使いながらやるのが普通なのに、「あれは民間の話ですから……」なんて言ってしまって、日鉄の橋本英二会長は気の毒だ。はしご外されてしまっている。

石破さんは民間の話だから関与しないというが、アメリカはものすごく政府が関与している。だったら政府間でディールすればいい。しかし全くそういう形跡もなく、完全にやられてしまって、成果なんて全然ない。

もうひとつ付け加えると、為替の話だが、事務方が用意して「両国の財務大臣の間で話をする」としていたが、財務大臣ではない。中央銀行だ。中央銀号同士の話にしておけば、日本政府も攻め込まれにくいのに、そうしなかった。時間も内容も、全然だめだ。

(2025年2月13日)

トランプが行きすぎた多様性を正し、わかりやすい英語を話す理由

――トランプさんが最初に出した大統領令で面白いと思ったのが、多様性の欄で、パスポートなど公式書類の性別は男女のみ、というものです。

わかりやすくていいんじゃない？　バイデンはＬＧＢＴばかりだったから。その流れに乗っちゃって日本でも法改正したけれど、ちょっと方向を間違えた。何もやらずに放っておけばよかったと思うけれど。性別は本来セックスと言うけれど、ジェンダーと言わなければいけないとか、多様性が重要だとか言っていた人たち、みんなはしごを外されてしまっている。これからどうなるか興味深い。

トランプさんはある意味常識的で、アメリカも普通に戻っている。

アメリカでは、ジェンダーだからといって「元男性でも心は女性」という人が競技会に出て根こそぎ勝っちゃったりしていて、とんでもなかった。そういうことが全部なくなるからいいと思う。

――ちょっと話が違いますが、トランプさんは移民管理もやはり徹底的にする？

やるだろう。トランプといえば移民問題だし、第一次トランプ政権の時から壁を作る話をしていた。これも当たり前といえば当たり前だと思うけれど。国が違うんだから、勝手に来られたら困る。今回は軍隊を派遣するなどと言っているし、きちんとやるのだろう。

これも、日本ではどちらかというと移民ウェルカムになってきている。多様性だ、共生社会だと言っているけれど、正反対だ。

これはヨーロッパでもあった話。今までは多様性、共生社会の流れで、移民をどんどん入れてきた。しかし入れた結果が全然プラスにならずに、悲惨な状況になってしまった。もうそれを認めざるを得ない状況になっている。イタリアのメローニ首相も不法移民はダメと言っているし、他の国でも右派が政権を取って、各国でより厳格になっている。

こういう時に日本だけが移民ウェルカムだとやったらまずいですよ。日本は島国だからそう簡単に不法移民は来られないと言うけれど、今格安航空券でどんどん来たら困ってしまう。お隣の国からは結構来ている。これでヨーロッパの国からも来始めたら大変になると思う。

移民管理が厳格になるのは世界的な流れで、トランプが出てこようがこまいが、不法移民を厳しく管理するのは当たり前です。

——まあ「不法」ですからね。

そう。ようやくこういう考え方が普通になってきた。不法移民でも保護しなければいけないなどと言う人がいるけれど、不法は不法、ダメに決まっている。当たり前の話。

——よくわからなかったのが、アメリカは出生地主義を見直すと言っている件です。

アメリカで生まれたらアメリカ人になってしまうのが出生地主義。そうではなく、親の国籍で決まるのが血統主義。だから日本も血統主義で良かったわけ。アメリカだと親の国籍関係なくアメリカで生まれればアメリカ人と言えてしまう。これがいろいろな間違いを生み出す元だったから、もう見直すという話なのでは？

日本は血統主義だから良かったという話だが、ひっくり返したい人は世の中たくさんいる。これもトランプが来て、ようやく普通の、常識的な話になりつつある。

左系の活動家だと、とにかくいろいろと直したがる。今回も選択的夫婦別姓を日本で議論しているが、あれを入れると戸籍が危なくなってしまう。いろいろ伝統的な制度をぶっ壊したい人がたくさんいて、トランプはそういう人たちとは違う。トランプは伝統的な価値観に基づく話だから分かりやすい。こういう話はみんな肯定的に捉えているのでは？

——左の人たちはなぜいろいろぶっ壊したがるんですか？

活動家だから(笑)。活動家は既存の体制を壊す存在だから。既存の体制を守りつつ考えるのが保守系。伝統的なものを守りたい。一方で、伝統なんかクソくらえっていうのが実は革新系。考えが根っこから違う。

私はどちらかというと別に無理に壊すことはないと思っている。「そんなことをしているのは日本だけ」なんて話をする人がいるが、それで不都合がなければ別にいいと思っている。

――トランプさんの間は、今の感じでいける?

多分いける。また民主党政権になったらひっくり返すかもしれない。

――とりあえずは2年後の中間選挙?

そうなる。そこを勝利すれば4年間安泰で、そうなれば制度は結構しっかりするかもしれないけれど、敗北してまたレームダックになってしまうと、2年しか持たないかもしれない。これはアメリカ国民が中間選挙でどう判断するか次第。

――トランプさんにとって、マイナスになりそうな要素は何かあるんですか?

トランプさんの支持率を考えると、一般的に新たに大統領になる人は支持率が6割ぐらいあるものだが、今5割くらいしかない。やっぱりギリギリで当選したという面はある。

ただ1次政権の時には4割ぐらいだったから、ちょっと増えてはいるけれど（笑）。

はっきり言ってマスコミはみんなトランプ嫌いだから、ネガティブな話をすごく流す。オールドメディアを見ている人はトランプさんが変だと思う人は多い。ただSNSがこれだけ出てくる今、そんなに変でもないという風に思う人も私の感覚では増えていると思う。民主党はやはりトランプがいやだから、どこかでひっくり返したいのでは？

池上彰さんなんて、すごくトランプさんをディスっている。そこまでディスるような人ではないと思うけれど、池上さんの価値観に合わないのだろう。左の方は、自分の価値観に合わないとディスる。でも、トランプさんはアメリカの普通の人、普通のおじさんだ。

トランプの英語が中学生並みだと言う人がいる。でも、アメリカに行けば分かるけれど、いろいろな人がいるために、小難しい英語をしゃべると理解されない。

だから教養のある人ほど中学生ぐらいの英語でしゃべる。アメリカのいろいろな文章も「プレーン・イングリッシュ」という、すごくやさしい英語で書いてある。

日本のインテリ層のほうが、結構平気で小難しい話する。トランプは教養はあるけれど一応そういう状況を分かっているから、いつも中学生レベルの英語でしゃべってくれる。

――そういうことなんですね。

だから私は、トランプの話は英語教材として非常にいいと言っている。発音もきれいだし、中学生レベルの言葉でちゃんと難しい話までしゃべってくれる。池上さんはそれをディスるけれど、逆だ。中学生レベルの英語できちんとしゃべれるのは教養があるからだし、ちゃんと分かっているという証拠。

――とんだお門違いなんですね。

そう。池上さん、「イケガMeToo」というのをやっていて、私もいろいろとあの人にはいい迷惑を被ったけれど、言っていることはかなりでたらめっぽい。

（2025年1月27日）

実はとても良く考えられている「関税男」トランプの経済政策

――トランプ政権のアメリカ国内の経済政策をお聞きしたいんですが。

トランプは「タリフマン（関税男）」と言われている。

この関税をうまく国内向けに使うのではないかと私はにらんでいる。

関税を高くするということは、実は外国品に対する消費税の増税みたいなもの。一般論として消費税の増税はあまりよくないことだし、世界もぐちゃぐちゃに混乱する。

確かに相手国の企業はアメリカに輸出しにくくなるし、国内のアメリカ人に対しても課税することになるから、あまり良くないことなのは間違いない。

ただおそらく、関税収入でアメリカの政府の収入は恐らくけっこう上がる。その分をどうするか。

多分トランプはそれをアメリカ国内の所得税減税あたりに回すのではないかという気がする。

そうすると、関税引き上げによって外国品に対する消費税が上がる効果をかなり相殺して補ってくれることで、国内経済は結構うまく保てるのではないか。

ただ、大変になるのはアメリカに輸出している外国企業。中でも一番大変なのは中国だろう。中国はＧＤＰの３％くらいを対米輸出に頼っているから、アメリカが関税をガンと上げれば、普通に計算すると２％ぐらい中国のＧＤＰは下がってしまう。中国にとってはものすごく大変だ。

関税を引き上げるとインフレになると心配する人もいるけれど、トランプさんはインフレに対する手当ても考えている。実はそれがパリ協定の離脱。

トランプは就任演説でも「ドリル・ベイビー・ドリル」、つまり「化石燃料は、掘って掘って掘りまくれ！」と言っていた。

掘りまくるとどうなるか。エネルギー価格がすごく下がる。するといろいろな企業に恩典が来ることになる。これで供給力が伸びて、大きなインフレを抑えようということだと思う。でたらめにやっているように見えて、意外に考えられた経済政策にはなっている。

アメリカのインフレの原因はいくつかあるが、1つはバイデン政権でめちゃくちゃに政府支出を増やしてしまったこと。トランプの時にもコロナがあったが、その後バイデン政権でもコロナ対策で支出して、これがGDP比で25%以上と、世界一大きくやった。

——25%！

でも、そんなことを言ったら日本は20%だった。

当時コロナ対策の支出を、安倍さんが「政府日銀連合軍」という風に命名してくれたけれど、ただこれ、国債を出して日銀に買わせているから、下手をするとインフレになってしまう。だから私もすごく慎重にやった。

私はアメリカの様子も見ていた。トランプ政権のままだったら大したことにはならなかっただろうけど、バイデン政権になってから対策を続けてGDP比25%にもなってしまって、これはインフレになるなと思ったらその通りになった。

これで懲りずに、バイデン政権はさらに気候変動対策でもっとやってしまった。これはインフレになる。

この部分は、トランプ政権では歳出カットということで、ここでイーロン・マスクが出て政府効率化省で切っていくことになる。

トランプの大統領令で面白かったのは「テレワーク禁止」。なぜこんな話があるのか、わからない人が多い。

これ、テレワークを禁止にしたら公務員を辞める人間が多くなるから。それなら辞めてもらって結構と思ってやっている。日本のマスコミはこれが全然わからなくて、なぜテレワークを禁止するのか？　とか言うけれど、言えば辞める人が多いから。

トランプ政権の経済政策、国内インフレを抑える手段が何かというと、無駄な政府支出を押さえてデレギュレーション（規制緩和）をしながら供給力を伸ばすというやり方だから、結構理にかなった政策になっている。供給力を伸ばそうとする時にエネルギーに着目するというのは、全ての企業にプラスになるからいいのではないか。

全部をパッケージしてみると、変な話が入っているように見えるけれど、みんなそれぞれ関連がある。私から見るとよく考えているな、理にかなっているなと思う。こういうところまで読んで、トランプはやっている。案外普通にうまくできてしまうかもしれないように私には見える。

鍵は、最終的に言うとイーロン・マスクが握るのでは? なぜなら政府規模を抑えなければいけないから。マスクが政府効率化省でトップになって公務員をリストラしまくれば、うまくいく可能性はある。

――為替はどうなりそうですか?

為替は、円安を少し円高に戻したいと思うところだけど、これは政府の交渉次第。安倍政権の時、私がトランプ対策として安倍さんに言ったのは、「為替というものは中央銀行の金融政策の差で決まります。ですから、それぞれ中央銀行に委ねましょう」とトランプに言えば、出てこなくなるという話。トランプさんが出てこなければ、別に大したことはない。

私が言ったことは、「中央銀行の金融政策の差で為替がかなり決まる」という話で、全く正しい言い方。もう少し具体的に言えば、為替は交換比率。日米なら日本円と米ドルの交換比率。ということは、円の量とドルの量の比で大体は決まるということ。

円の量を決めるのは日銀で、ドルの量を決めるのはFRBだから、それぞれ政府の「子会社」が責任を持ってやっているはず。それなら、トップ同士で話をするよりも、子会社同士にお任せしましょうという言い方をしようということだ。

トランプはそれでよく分かったのか、それ以来あまり為替について言ってこなくなった。つまり為替には実は対処法がある。

今のところ日本はちょっと円安で有利だが、円安をキープするために、いかに政府の間で交渉するか。ただ為替はあまり政府同士で交渉するとろくなことにならないから、これは政府の子会社である各中央銀行に任せましょうという言い方をすると、トランプも出てこなくなる。

――放っておくとFRBは利下げに向かう？

これはわからない。インフレ率次第。インフレ率が収まっていれば今金利は高いから利下げに行くかもしれないし、インフレがあまりにも高止まりしていると、ちょっと利下げのペースは遅れるだろう。

でもインフレ率の話は全て中央銀行に委ねたほうがいい。最終的にトランプが直接口を出すようなところまでは行かなくなれば、市場の予測可能性はかなり高まる。その方が日本にはプラスになると思う。

――いろいろなお話を総合すると多分FRBはインフレを抑える方向に行く?

行くかもしれない。すると利下げは少しずつになるかもしれないけれど、その分は多少円高になるかもしれないという気はする。

ただ、日本としては今の円安状況のほうが有利だから、なるべく有利な状況を長くキープするように交渉していけばいいのでは?

その時にトランプが先に出てくると、いきなりの話、いきなりの円高になってしまうかもしれないけれど。徐々に徐々に……というふうにやっていけば、日本経済に対してマイナスには全然ならないと思う。でも石破さんだったらこんな話はできないだろうな。

(2025年1月24日)

「トランプ2.0」始動! 案外平和をもたらすトランプの「伝統的」外交

――いよいよ「トランプ2.0」が始動しました。早速大統領令をいろいろ出しています。その中で、外交面の話をいろいろお聞きしたいのですが。

アメリカ外交の基本編というか、基礎知識から始めたい。

まず、民主党と共和党があることは皆さん知っているでしょう。バイデンは民主党だったし、トランプは共和党。トランプというと個性ばかりが際立っていて、それで説明する人が多いが、私が見るところでは、トランプはかなり伝統的な共和党の外交だ。

民主党と共和党の違いをざっくり言うと、民主党については「大きな政府」、共和党は「小さな政府」という言い方ができる。

「大きな政府」とは、政府を大きくし、国内でも規制を増やして活動に干渉する。一方で国内を志向するあまり、民主党の外交は「人権」だとか、どうも理念的で、「口だけ番長」的な話になる。

共和党は正反対。「小さな政府」とは、国内のいろいろな問題については政府があまり関与せずに自然に任せ、市場に委ねる。規制緩和などで対応するパターン。国内にはあまり関与しない一方で、海外にはいろいろと関与していく。「アメリカ第一主義」などと言うけれど、それは決して外交から手を引くというわけではない。「力による平和」などという言い方をするが、外交はどちらかというとリアリズム。国益重視で、プレッシャーをかけるような外交が共和党の伝統的な考え方。

結果的によく言われるのは、共和党の外交のほうが「強面《こわもて》」なので、どちらかと言うといろいろな国が結構シュンと萎縮気味になっていくのに対して、民主党の外交はどちらかというと人権だとか環境だとかお花畑のような話ばかりなので、逆に海外ではアメリカをあまり気にせず自由に動いたりして、紛争が起きやすくなるとも言われている。

つまり、アメリカの外交の違いは、国内に対する物の向き合い方から実は出てくる。だから民主党の外交は理念的でお花畑。

共和党の外交は力による話で、今のトランプを見ていると、案外それに忠実だ。

例えばグリーンランドを買いたいと発言しているし、パナマ運河はアメリカ人が作ったのだから取り戻すという言い方をする。みんなトランプらしさが際立っていると言うけれど、実際にパナマ運河は昔アメリカが苦労しながら作って、アメリカがずっと運営していたのに、これをパナマに返してしまったのは民主党のカーター。カーターは先日100歳で亡くなったが、カーターが返すと決め、実際にクリントン政権の時に返した。どちらも民主党、「理念」で返してしまった。これに対して共和党側の話は、理念ではなくアメリカのプレゼンスが重要で、そこに忠実にやっているのが今のトランプ。

グリーンランドは戦略上の要衝、抑えなければいけない。共和党式の外交で、アメリカが抑えなければどうなるかと現実主義的に考えると、どうせ中国とロシアが出てきて取ってしまうだろうから、そうなるくらいならアメリカが買う方がまだいいだろう？　というくらいの感覚になる。

日本のマスコミは「金で買うのはおかしい」などと言ってしまうのだが、現実的に考えてアメリカが買うと言わなければロシアと中国が来て取ってしまうとしたら、一体どちらがいいのかという話になる。

アメリカの建国以来の歴史を考えても、領土を買ったケースは多い。最初は東部の13州で独立したが、西のルイジアナはフランスから買い、さらに西に行ってテキサスとかカリフォルニアはメキシコから買い、飛び地だがアラスカはロシアから、フロリダはスペインから買っている。アメリカ人はみんな、「中国なんか悪徳金融で盗んじゃうけれど、それよりはいいだろう？」と言うわけだ。

グリーンランドは過去のアメリカ大統領でもトルーマンが買いたいと言ったことがあるし、それほど変な話ではない。こう考えると、トランプは結構伝統的な共和党の外交政策をやっているということ。

ここまでは日本に関係のない話だが、例えばウクライナ問題でもこわもてのトランプは具体的な話をしているから、プーチンも、もう話し合うほうがいいと言っている。振り返ってみれば、バイデンは「自分たちは介入しない」などと言うから、プーチンは喜んでウクライナに攻め入ってしまったわけだ。ある意味ではウクライナは「買う」とかいう以前にロシアが攻め行って取ってしまうわけだから。それに比べれば買うほうがいいということは、共和党の人だけでなくアメリカ人でそう考える人は少なくない。

中東などもアメリカが出てくるという話になると、下手に介入されてしまうと困るということで、ガザも停戦という話になっている。習近平も、「民主党なら出てこないだろうがトランプだと何をするかわからない」と考えるから、台湾問題もちょっと慎重に行く。71歳の習近平から見れば78歳のトランプよりもけっこう若いし、どうせトランプはあと4年でいなくなる。下手をすると2年後の中間選挙でレームダックになるかもしれないから、この2年間くらいは恐らく時間稼ぎで大人しくしているだろう。この間はエネルギーを蓄えたいと考えるのでは?

プーチンも同じ。2年間ぐらいはおとなしくする。中間選挙でもしトランプが負ければ、プーチンはやはりウクライナが欲しいので、そこからもう1回やってくるかもしれない。

つまりこの2年間ほどは、みんな大人しくしているのではないかという気がするし、こういうものが伝統的な共和党の外交政策から考えられる流れ。

関税の話もあるけれど、トランプはここでもすごいレトリックを使っている。大統領任演説を聞くと、今までは関税をかけてない状態でアメリカ国民に過大な税をかけて負担を強いていたが、今度は関税として外国にかける、これで自分たちが豊かになるのだという言い方をしている。

だがはっきり言うと、関税は誰にかけるかと言えば、アメリカ人にかかる。輸入品を買う人が払うわけだから。言ってみれば、外国人にかける消費税みたいなもので、トランプの言い分はちょっと違う。

トランプは、関税を低くして外国品をたくさん買ってしまった結果アメリカの国内産業が雇用を奪われたということを言っているのだろう。形式的に言うとここは突っ込みどころで、必ず誰か突っ込むだろう。でもこれは政治的なレトリックだ。これは中国なども関わってくるが、関税の話は国内の話とも関係してくるので、経済政策として改めて解説します。


（２０２５年１月22日）

日本のディープステートは「財務省＋天下りコネクション」だった！

――朝日新聞の記事（2024年12月16日）ですが、「アメリカの政権人事が自由すぎる訳とその功罪　日本でも実は『可能』」とありまして、

「トランプ米次期大統領が新政権の閣僚や要職の候補を次々に指名しています。トランプ氏に忠実そうな顔ぶれで、テレビ司会者やプロレス団体の元CEOといったユニークな肩書や物議を醸している人物もいます。こうした登用は『政治任用』と呼ばれています。米国ではなぜこの方式を採用しているのでしょうか。日本でも導入可能なのでしょうか」

という出だしだったのですが。

答えを言うと日本でも政治任用は可能。ある一定以上のポストの人の任命権は政治家にあるから。

私は以前、研究でいろいろな国の政治任用の比率を調べたことがある。

アメリカの場合は4000人ぐらいいる。先進国で一番多い。トランプ政権になっても4000人もの人をすぐ入れ替えるのは大変だから、多分半年とか、9カ月くらいかかる。

その間ずっと、どこかのポストに人がいないという状況が結構ある。

もちろん閣僚はすぐ替えるし、役所の人事も上のほうはみんな入れ替えていく。大体日本の感覚で言うと、局長クラスぐらいまで入れ替える感じ。すると4000人からの話になってしまう。

人数は政府の大きさによるけれど、こういう国は先進国ではごく普通。他の国でも200人ぐらいは入れ替える。少ない国でも50人ぐらい入れ替える。で、調べた時点では、日本はゼロ。

――えっ?（笑）

びっくりするはずだ。全然いない。それではあんまりだということで、時々それぞれの省庁の補佐官というのを作って入れるけれど、まあ1人ぐらいいたところであまり変わらない。やはりチームでやらなければいけないから。もちろん日本でも、大臣、副大臣、政務官は入れ替えられる。これは閣僚人事。でも事務次官、つまり官僚で一番上のポストは入れ替えない。

他の国を調べると、G7の先進国だとかなり入れ替えている。全然入れ替わらない国は日本だけ。政権が変わったので事務次官を他から持ってきたという話、日本で聞いたこととはない。そこで補佐官をつけたけれど、1人ぐらい持ってきても全然ダメだ。

これはやろうと思えばできるけれど、役所の官僚機構の抵抗があってできないわけだ。事務次官を1人入れ替えてもダメな時があるから、次官を入れ替えると少なくとも2~3人、大体5~6人くらいの局長を一緒に替える。そういう形にしないとワークしない。ワークさせないようにしているのが日本の官僚の実態だ。次官を入れ替えたりしたら仕事しないですよ、という形で脅す。サボタージュだ。素人の人が来てもワークしないから、最終的に政治家も怖くなって手をつけない。専門家が来ても、実は役所の仕事を理解するのは難しい。大学の先生なんかが来ても全然ダメだ。


――では、なぜアメリカなどではうまくいっているのですか? 政治家に抵抗しないということ?


抵抗しないし、行政経験がなくてもチームで行くのと、専門的な人材が少なからずいるから。あと、役所の中でも替えることを良しとする人もいて、協力者もいる。

日本の場合、そこで政治家に協力してしまって、民主党政権の時もあったけれど、その後にパージ食らった人もいる。

協力してしまうと、もう私みたいに「脱藩官僚」になってしまう(笑)。私は誰にも協力したことはないけれど脱藩官僚みたいになってしまって、役所の名簿から出されてしまったりした。みんなそれが怖くてやらないというのが実態だ。あと、役所の中にしがみついていたほうが天下りもできる。アメリカなんか天下りも何にもない。現状の状況で楽しい仕事をしようと思うやつが多い。

――結局のところは天下りがキーポイントになっている？

やっぱり大きい。老後保障だから。いろいろな国で見ても、基本的に天下りのような制度のある国は、生え抜きがそのまま上になることが多い。天下りが全くない国は全然関係なく、いつも入れ替える傾向が強かった。

どちらかというとアングロサクソンの国は入れ替えが多い。天下りにちょっと似たようなものがあるフランスなんかは、やや入れ替えが少なかった。で、日本は全然ない。つまり、入れ替えの度合いは天下りと関係している、というのが私のひとつの仮説だ。

――トランプはそういうのを「ディープステート」と呼んで、自分の意に沿わない人を替えているということですか？

逆に言うと、放っておいたらとんでもない意思決定をすることが前提になっている。

でも私は、アメリカの話をするとアメリカ人から、「日本は財務省がディープステートじゃないか？　財務省が牛耳っているのでは？」と年中言われる。

私なんか、そのディープステートから浮き上がってしまった人間だから、すごく珍しいと言われているが。

ディープステートの中にいた方が楽は楽。でも財務省なんて、考えてみたらすごいディープステートだ。総理大臣がいくら言っても、「税制改正の話なんかやらない」とラスボスが言って、その後ろに財務省がいる。その人がそう言ったら動かないじゃないか。

昔なんて、税調会長は総理大臣が何か言ったら「黙ってろ」と言ったことある人もいるくらいだ。

ディープステートの話は陰謀論みたいだと思うかもしれないが、日本にはすごいものがある（笑）。

――日本はもう変わりにくい？

天下りがあるうちは変わるインセンティブはない。私は普通の役所は別に天下りをなくしていろいろな人を入れても運営できると思う。もし専門性が必要な時には、私がお手伝いします（笑）。うちの会社、そういう人材を供給するのはすごく簡単。日本で政治任用をやるために、ぜひ私の会社を使ってください……と、宣伝広告も兼ねて申し上げておきます。

（２０２４年12月２３日）

安倍昭恵さん、孫正義氏が先にトランプに会って石破さん悔しいのぉ

――安倍昭恵さんがトランプ次期大統領（当時）とお会いして（２０２４年12月15日）、玉川徹さんなどが批判コメントをしたりしていました。ソフトバンクの孫正義さんなど、続々と日本の人も会っている感じなのですが……。

時系列的に言うと、安倍昭恵さんが最初に会って、トランプさんとメラニア夫人と会食した。トランプから見たら、友人の安倍晋三さんの奥さんと会うことの何が悪いのか私にはさっぱりわからない。批判のコメントをするようなレベルの話ではなくて、ただ単に人として昭恵さんにずっと連絡を取っていたということだから。トランプさんは非常に人情味があるという話だと思いながら私は見ていたが。

これを、政治に絡めていろいろ言う人がたくさんいるし、もちろん政治はこういう話を全部利用しようと思うから、いろいろな立場の人がいろいろ言うわけだ。

玉川さんは「安倍ガー、安倍ガー」と言い続けてきて、今は言いにくいから「昭恵ガー」

と言っている気もするし、玉川さんは石破さんのほうの立場だから、「石破さん悔しいのぉ」って思っていたのかもしれないけれど。

でも普通に考えれば、昭恵さんは私人だし、トランプさんが懇意にしていたのは事実だから、会うことは全然不思議ではない。トランプさんも政治家だから多少のメッセージは込めているかなという気はするが、ともかく最初に昭恵さんと会って、次に孫正義さんと会ったことまでは事実だ。

まず昭恵さんと会ったのは順番が重要で、これはやはり、間違いなく「シンゾー・アベ」への敬意だ。

で、次に孫さんと会ったのは金。ビジネス。

トランプと会うこと自体はそこまで難しくはないと聞いた。ブローカーがいたりして、お金払うと会えると聞いたことがある。まあ、そのお金が半端ではなくて、例えば1000万円とか、1500万円くらいレベルの話だそうだけれど。

――ブローカーに払うのが?

でも、そのくらい金を払うというのは分かりやすい話で。だから私なんか、実はちょっと前からあるネット番組で、「日本には官房機密費があるんだから、それ使えばすぐトランプに会える」と言っていたけれど。

機密費を使ってでも会うほうが、多分メリットは大きいと思う。するとと、「米国内の法律によって会わないことになっている」なんてとんでもない方便を使うこともなかったと思うけれど。

安倍さんがトランプと初めて会った時は、全然機密費は使っていない。たまたま自分のコネクションでやった。でもお金を使えば簡単に会えるのなら、使えばいいのに。


——孫さんは何をするんですか？


アメリカに投資する、それを言っただけだと思う。

投資するというと、普通の人は孫さんが身銭を切ってするのだろうと思うかもしれないけれど、これ、どこかからお金借りてきて投資するだけだから。既存の子会社を売却してアメリカに振り分けるやり方もあるけれど、おそらく新たにアメリカで資金調達してアメリカに投資するのだと思う。

何でもそうだが、資産だけがすごくある人なんていない。どこかから出資を受けたりや借り入れしたりして資産があるのが普通。孫さんにも借金や負債は山ほどあるんだろうけれど、資産は大きい。その一部をアメリカに振り分けるというくらいの話だ。そして、どんなビジネスマンでもこれからのアメリカ経済の行き先を考えた時にアメリカこそが投資先だと思うし、孫さんはその辺、機を見るに敏だから、先手を打っていったということだと思う。孫さんそういう意味で商売がうまい。ビジネスマンだったらこのくらい考えるのは当たり前だけど、なかなかのものだ。

でも、昭恵さんはすごく心が優しい人だから、おそらくトランプに、「石破さんにも会ってほしい」というような話をしたのではという気も少しする。というのは、すぐにトランプが次の記者会見で「日本の総理大臣がもし望むのであれば会いたい」と言ったから。

その前に外務省のルートで接触して、国内のナントカ法があるから会えないと言われたのと、言い方が全然違う。日本の外務省は何をやっているのかと思うけれど。

本を渡したという話、どんな人でもそうだが、自分の著書は自宅にたくさんあるから、それをポっと渡したのだと思うが、渡したこと自体が会っても構わないというメッセージ。しかし、外務省はあんな説明をしなければよかったのに。

――本当ですね。外務省はどうすればいいのか。

外務省以外でも、官邸サイドもトランプさんと接触しようと考えて、少し前に官邸サイドの話として出ていたのは、就任式の後に一番で会う線を狙っていたようだ。トランプも就任式の後最初に会うのは誰にするか考えているんだろう。

でも官邸サイドが昭恵さんに「なんとか頼みます」って言っていたとしても不思議ではない。今トランプと会いたいと考えている人はたくさんいるから、どうにかして優先順位を高めてもらいたい人からすれば、昭恵さんを使う可能性はある。昭恵さんは優しい人だからそういう話を聞いてくれるし、昭恵さんの連絡先はみんな知っているから、すぐ携帯に連絡する人はいると思うが。

もうこの際、いろいろと昭恵さんに頼んだんじゃないかという気もする。その意味では石破さんも切羽詰まっている。

石破さんは国内で「アジア版ＮＡＴＯ」の話を年中言っている。安全保障面で重要な話だが、あれをぜひトランプに話してほしい。本心がよくわかるから。

石破さんが話をすると、トランプはすぐ聞くはずだ。「アジア版ＮＡＴＯのメンバーは誰か」と。ＮＡＴＯという以上は、地域の国みんなが大体入る。ヨーロッパの中でスイスとかオーストリアみたいに永世中立国という特別な事情がある国以外はみんな入る。

トランプは、アジア版ＮＡＴＯと聞いた時に、どういうメンバーなのか聞く。ポイントは、チャイナがどうなっているかだけだ。

――石破さんならチャイナを入れかねないですもんね。

入れかねないよ。あと、日本の憲法改正もうまくいかないのに日本に何ができるのかという技術論もあるけれど。

アジア版NATOのメンバー聞かれて、石破さんが口ごもったらもうアウト。

今度来る駐日アメリカ大使と目される人は前のポルトガル大使だけど、ものすごい中国強硬派だ。その人に日本に来てもらって、私が「LGBTとかそういうの、実は前の駐日大使が作ったんですよ」なんてチクったら、新大使は「やめてくれ」とかすぐ言うかもしれないな。そうなってもいいかなと思っているけれど。

アメリカ関係では日本も出遅れてはいけないから。みんな頑張っている。私も石破さんがトランプと話すのは前進だし、非常にいいことだと思うけれど。

（2024年12月17日）

米国司法省が中国企業をIR贈収賄で起訴、私が岩屋大臣の名を出したワケ

――アメリカの司法省が中国系企業の500.com（現・ビットマイニング。かつては宝くじ会

社、現在は暗号資産マイニング企業）を起訴した件で、髙橋さんが地上波で岩屋毅外相の名前を出した（2024年11月30日）と大騒ぎになっていますが……。

地上波で初めてと言われているね。

これ、「教えて！　ニュースライブ　正義のミカタ」（ABCテレビ）のスタッフの人が頑張っていて。いきなりではなくて、ほんこんさんが問題提起をするから、それについて私が答えるというストーリーを2～3日前に言ってきた。慎重に台本を書かないとテレビ局内でぶっつぶされるらしい。細かいことは、私にはちょっとわからないけれど。

私に話を振るために、画面上で私の「吹き出し」を作って、生放送でその吹き出し部分を私がしゃべるわけだけれど、実は台本では、5人嫌疑をかけられている人がいてその中に今の外務大臣が……という話は全然書いていない。

台本が回ってきた時に、私の両隣の専門家は「これ、誰がしゃべるんですか？」とビビっている感じだった（笑）。「私がしゃべるよ」と言って、それで終わり。私は別に合理的な話をしただけ。

というのは、米司法省のホームページを見たら、日本の捜査当局が捜査協力していて……と書いてあって、「政府高官」というのが、英語表記だから単数か複数かが分かるけれど複数表記だった。その中を見たら、500.comのCEOはベラベラみんな喋ったと書いてある。日本の新聞にも500.com側から金が渡っていたのは5人という話が出ているから、当然司法省もそこが容疑の対象だろうと思うのが普通で自然。だからそれをもとに、そのうちの1人は今は外務大臣ですよ……と言っただけなんだが。

ほんこんさんもいいパス投げてくるから(笑)。私両隣のフォワードを見た時には動きそうもなかったから、じゃあ私がヘディングしますよ、という感じだ(笑)。

ただ、事前にこういう言い方でいいかは全部聞いておいた。でもスタッフがそれを台本に書くと、後でなかなか大変になるかもしれないなんて言っていたから、本番でやってくださいという雰囲気だった。そこはもう生放送だから、その通りやってしまいました。するとと後日、外務大臣の記者会見で、あるマスコミの人がこの話を取り上げていた。そうしたら大臣本人は「やっていません」と言って、「終わった話でしょ」という言い方をしていた。

それ、日本ではその通り。嫌疑をかけられたけど終わった話になっていて、実際に起訴されたのは秋元司元衆議院議員1人だけだった。

でもアメリカでは複数形で書いてあったから、嫌疑がかけられていると私は判断して、

「少なくとも嫌疑をかけられた中に外務大臣がいます」言ったわけ。本人は「やっていません。終わった話です」と言ったけれど、アメリカでは多分違う。これ、どうすれば分かるかというと、アメリカに行ったら分かる（笑）。

テレビでも言ったけれど、今司法省の立場は、トランプ政権ができることに対してものすごい警戒感がある。司法省はとんでもないことをしたという認識がトランプにあるから、司法省解体とか、大組織改正の可能性がある。司法省の下にＦＢＩがいてこれも同じような対象になっている。

今度長官をやらせる人は親トランプのものすごい人が行く。これは司法省もびっくりしていて、大統領襲撃事件とか文書持ち出し事件をもう取り下げている。それをやっていた検察官の人が「辞めます」なんて言っている。

そして、トランプ政権自体が親中の人に対してすごく厳しいから、司法省がどうするかと言うと、「中国に対して自分たちは一生懸命やっています」というアピール。そうとしか、この話が今の時期に出てくる理由は考えられない。この事件、もう2年ぐらい前の話なのに、なぜ今ごろ出てくるのか、中国に対して司法省は厳しいんですというアピールに決まっているじゃないか……というのが、私の読みだ。これはあくまで邪推かもしれないけれど。

そうすると司法省は一生懸命やるしかないと私は思うのだが。

となると、日本ではすでに終わった話でも、向こうの司法省から見ればこれは大きなタマになるかもしれないと思ってやるのでは?

やらないと、下手するとお取り潰しになるかもしれないし、FBIだって危ないのだから。全部潰してなくすなんてことはないだろうが、幹部はみんな更迭という可能性だってある。ならば、みんな生き残りをかけて必死になってやるのでは? そうでもなかったら、今の段階でこの話は出てこないだろうと私は思うわけだ。

もちろんこの話を司法省に聞いたことはないし、司法省に聞いたところで、「いえ、いつも適正にやっています」と述べるに決まっている。ただすごく前の話がいま急に出てくるのは変ではないかと思う。

——よくわからなかったのですが、中国の会社が日本を買収しているからアメリカでの活動はダメという、それもよくわかんなかったんですが……。

そんなことは関係ない。アメリカは何でもやるんだ(笑)。いやまあ、そういう法律はなくはないけれど、なんでもやる。アメリカに関係ないと言えば関係ないかもしれないけれど、そういうやつがアメリカでも活動してはだめとか、いろいろな話があるから。

だから、今洗ってみて日本の案件が出てきて、IR関係で賄賂をまいていた企業がアメリカに絶対に影響がないとは限らないから、いろいろな意味で調べているってこと。そうすると、司法省としては日本ですでに1回やっている案件だから、「ヒット」は打てる。5人のうち「1安打」はできるわけだ。そこで後で2安打、3安打行くかという話だから。そうすると残り4人のうちの2人とか3人、あるいは4人が容疑の対象になっていることは間違いないと思う。私はそういう意味で言ったわけだ。

――そうすると、岩屋さんは怖くてアメリカに行けないという……。

外務大臣なんだから聞いたらいい。「自分はアメリカに行っても大丈夫ですか?」って(笑)。で、それを記者会見で言ったらいいじゃないか。

でもアメリカとしては、では1回事情聴取を受けてくださいっていうことになると思うけど。

――お話聞かせてくださいと。

そうしたら面白いよね。2+2かなんかでアメリカに行ったら、「ちょっとお話聞かせてください」なんて話になったらどうなるのか。こちらから見ても分かりにくいし、外務省なら少なくてもアメリカ政府と話ができるのだから「うちの大臣大丈夫ですか?」と聞かなきゃだめだろう。

それでアメリカの国務省が「絶対大丈夫」って言ってくれたら、これはこれでニュースだと思うけれど。

この話で、石破政権とアメリカとの関係もよくわかるわけだ。私は決して外務大臣がクロだと言っているわけではなくて、嫌疑をかけられている人なのでは？　と言っただけ。そこで「自分はやっていません」だけを言うのではなくて、「アメリカ政府からお墨付きをもらっています」と言ってくれたらくれたで、私もスッキリできる。

石破さんがトランプと会えていない。変な理由を石破さんが言っていて、ナントカ法があるから会えないんですって言ったが、それならカナダのトルドー首相なんか、就任前なのに「プレジデントトランプ」なんて言って、もう交渉している。ああいうところで石破政権は全然相手にされていないのではないかと思うから、その試金石として、今の司法省の下で、外相自身が「私は絶対に捕まらないと言われています」と日本の国民に言ってくれたら、これはこれで安心できるのでは？

石破政権が全然信用されていなくて、下手したら外相がアメリカに行った時に、司法省が次のトランプ政権を睨んで、何か行動に出てはいけないと思うから、私も心配して言っているだけ。
それを払拭する記者会見をしていただけるなら、私が地上波初で言った意味が出てくるわけだから、ぜひそこまで言ってもらいたい。

（2024年12月4日）

第4章

中国問題編

日本をさらに浸食する中国

中国が台湾の海底ケーブル切断？ そんな時に石破政権は中国にすり寄るな！

——中国が台湾の海底ケーブル損傷に関与をしているのではないか、海底ケーブルを切ったのではないかという話がまた出ているのですが……。

中国船の航路を見ると、怪しい。今、中国船の航路はネット上でも全部確認できてしまうけれど、ケーブルが切れたところばかりうろちょろ動いている。こういうのを見せられてしまうと、なぜこんな場所で航行していたのか、という話になる。

中国は、ギリギリのところで台湾を混乱させたり、なるべく軍事衝突なしで中国のほうに落ちるように仕向けたりすることをたくさんやっていて、その一環であることは間違いない。

中国のやり方は、さすがと言うと語弊があるが、本当に「戦わずして勝つ」ことを狙っている。海底ケーブルが切断されてしまうと、台湾は外界の情報がなくなってしまい、混乱を招く可能性がある。混乱の中で情報を遮断されると人々はパニックになることがある。

こうして、武力攻撃をせずに台湾政府がグタグタになって崩壊するのを狙っている一環では？

――「戦わずして勝つ」。昔からそうですよね。

戦術としては正しいね。武力攻撃するなんて、コストもかかるし愚の骨頂。本当は何もせずに台湾政府が中から崩壊するのが楽だ。

今は頼清徳さんがいてしっかり固まっている。そこをいかに内部から崩すかを、いろいろ探っているのだろう。

海上でのケーブル切断は現行犯で捕まえないとわからない。今はGPSで怪しい動きをする船は分かるが、台湾側が実際にその船を拿捕しないとはっきりさせられない。

――中国はどうせ民間船を装っている？

それはもちろん。ただ、切断する以上はそのための機器があるはずだし、作業の途中で海中に落とすかもしれない。落としたとしても、それは海底ケーブルのある場所だから調べれば分かる。拿捕して吐かせれば、いろいろなことが分かるだろう。

中国はこの種の動きをいろいろなところでしているよ。

海底ケーブルは日本も危ない。海の上を年中監視して、怪しい動きがあった時にすぐ行って捕まえればいい。船員に事情を吐かせればもうそれで勝ちだから。

——そんな中ですが、その日中が6年ぶりに与野党交流協議会といって、自公の幹事長が中国入り、という話になっています。

公明党は中国べったりだが、自民党幹事長はこの間も行ったばっかり。どういうことなのか？　森山さんは本当によく訪中する。中国との交流を盛んにしようなんて言っていて、この先は日中首脳会談、その後に習近平の来日まで行くというが、今がそんなことをする時なのか？

大体、元々はペロシ米下院議長（当時）が２０２２年に台湾を訪問した時、台湾を包囲する意味で中国が日本のＥＥＺ内にミサイルを撃ち込んだ。それだけではなく、ありとあらゆる狼藉を繰り返している。処理水の話ではとんでもないことを言ったり、日本人の児童が襲われて殺されたり、今でも日本人をスパイ容疑で拘束したりしている。

最近ひどかったのは、日本に帰化した中国人の日本国内での言動について、中国に行ったら逮捕したという話。いくら出身が中国人だとしても、帰化した以上は日本人。日本人が日本の国内で言った話について逮捕するというのだから、今中国の秘密警察なんかが、日本国内でずっと見張っているということなのだろう。そんなことを平気でやっている国と、関係がどんどん深くなるというのはちょっと焦る。石破さんはアメリカなどからは、第2の鳩山みたいに見えると思うよ。

――中国は、トランプ政権になるからということで、日本にすり寄ってきているということですよね？

もちろん。大体習近平はトランプがすごく怖い。だから日本にすり寄るわけだが、ここで日本が中国側に行ってはいけないんだ。日本の政権党は中国共産党と仲良くやりたいのかと思われて、そのうちトランプから中国と同じような扱いを受けてしまう。

要するに、日本と中国は似ていると思われる。アメリカは中国にはものすごい関税を課すけれど、日本に対しては今のところわかっていない。そこで、これからはもう日本も中国も一緒だと勘違いされて、同じようにやられてしまうかもしれない。

やはり日米同盟が最重要。「ルーピー」鳩山さんは、当時「二等辺三角形」などと言って、中国とアメリカは等距離だと言ったけれど、そんなことは全くない。中国とは全然体制が違う。日本ははっきりと、アメリカのほうにべったり行かなければいけない。

森山幹事長、もう毎月のように中国に行きたいというのは、何か怪しい、おかしいと疑われても仕方がない。そもそも疑われること自体がよくない。

――せっかく行くのなら、逮捕されている人を取り返してきてくれればいいんですけど……。

それは当然だよね、日本の政治家なんだから。そんなこともせず、海洋ブイの話なども そのままにしておいて、今の流れでは次に石破さんが訪中、石破さんが習近平様の国賓来日招請という話になってしまう。これはまずいよ。

国賓の話は安倍政権の時だったけど、ちょうどコロナで飛んじゃったのが良かったんだから、あのままずっと放っておけばいいんだよ。

――あの時は、中国側から押してきたんですか?

そう。いろいろと言ってきて、それに負けてしまった。しかし安倍政権には天も味方して、コロナがあったから体よく話を断って、うやむやにしてなくしてしまった。せっかくなくしたんだから、その運をこちらに引き寄せて、今もないままにしておけばいい。

これでまた習近平を招き入れるというのは全く逆方向。もちろん、招き入れる時に日中の諸問題を解決するということなら、一つの手と言えば手ではある。しかし、来日させて全然解決もしないで、また両手で握手して「よろしく」なんて言ったら全く話にならない。

対中関係については、アメリカや他の西側諸国から懸念を抱かれるくらいにちょっと近すぎていて、本当に第2のルーピー、いやルーピー鳩山よりもっとひどいルーピー石破になりかねないと心配しています。

中国人インバウンド増えすぎ！ 日本は保険制度を食われるぞ！

（2025年1月16日）

――プレジデントオンライン（2025年1月4日）に、「『日本のお正月』を日本人以上に楽しんでいる…観光客でも留学生でもない『日本語が話せない中国人たち』の正体　『日本人が入れない経済圏』が広がっている」という記事がありまして、「日本に住む中国人の数は年々増えており、出入国在留管理庁の統計では23年末時点で約82万2000人を超えた。中国の事情に詳しいジャーナリストの中島恵さんは『昨今の在日中国人は帰省をせず、日本で楽しくお正月を過ごす人も多い。日本語が話せなくても衣食住が完結する【中国経済圏】の中で暮らしているからだ』という――」という話で、日本の中にミニ中国がいっぱいできているという感じがしたのですが……。

この記事は経済の観点で書いているわけだが、そういう中国人たちが、いざという時にどこに従うかを考えると、中国政府に従うんだ。

――「国防動員法」がありますからね。

そう。指令が来たら、日本の国内に何十万人かの中国軍ができかねない。自衛隊（約22万人）より多いよ（笑）。これは大変だ。

もちろん、多くの中国人は激しい行動をしないかもしれないけれど、ごく一部の人がなったって結構大変な話ですよ。1％でも8000人だし、その人たちがちょっと回りを扇動したら、あっという間に4～5万人になってしまう。そういう意味もあって、こういう人たちがあまりにも多くなることは、危機管理上好ましくない問題として考えられる。

経済圏として、全然日本と関係なく中国の人の中だけでお金を回しているという現象は、私の家の近くの池袋などにもあって、これはいわゆるチャイナタウンに近い話。その話よりは、安全保障上の話のほうを、私はまず大きな問題だと考えるね。

もうひとつ指摘しておきたいのは、そういう人たちが、健康保険や生活保護など、日本のしっかりした社会保障の基盤を崩している可能性についてです。

外国人に対する社会保障の与え方には、実はいろいろな国でいろいろな例がある。日本の場合はいろいろな判例もあって、別に外国人に対して自国民と同じように手厚くしなくてもいいことになっている。

しかし、日本政府は今までとても手厚くやってきた。

普通に在留資格がある外国人は、国民健康保険に入る人も多い。問題は、そうではない外国人も結構いること。要は、外国人に対して健康保険をどんどん広げている結果、そこを悪用する人がいて、最たるものは保険証の貸し借りだ。

外国人の医療には国民健康保険を適用しないと割り切ってしまえば、医療費は実費で払えという話で終わりになるが、日本はなかなかそういう風にはなっていないんだ。

他の国では、外国人には資格を与えず、入国する時に民間保険に入れという国が多い。私もアメリカに行った時はアメリカのソーシャルセキュリティを使えなかったから、向こうの民間保険に入った。というより民間保険に入らないとビザが下りない。それが欧米では当たり前なの。

日本では、かつては「1年以上」在留しないと国民健康保険には加入できなかったが、2012年、民主党政権の時にこれを「3カ月以上」に縮めた。世界の中で、3カ月の短期在留で社会保障の資格を与える国は私の知る限りほとんどない。

もっとも、一般的に観光ビザで入ってくる場合は滞在期間が3カ月までだから、観光ビザで入国して健康保険の加入資格をもらうことは制度上無理。問題は、観光ビザではないビザで誰か1人が健康保険適用になると、その人の保険証を観光ビザで来た人たちで使い回しするという話。大量に薬をもらったりする話を医者からも頻繁に聞く。医者の中には、不正を分かっていてもあまり言わない人がいる。どうせ請求は健康保険に回せる話だから。

これは外国人の社会保険加入をＯＫにしていることの弊害で、日本の医療制度、社会保険制度の基盤をかなり危うくしている。

マイナ保険証導入でこの点を指摘するとやたらと反論が来るけれど、別に普通の日本人にとっては何のデメリットもない話。悪用する人がいるから導入が必要だということだ。こうした悪用の遠因としては、たくさん外国人が日本に来ているということが問題の根っこにある。たくさん人が来ることがなければ、保険適用なんてほとんどしなくてもいいから。

今回また中国人のビザを緩和して、それでたくさんの中国人が来ることになる。もちろん観光ビザだから制度的には長居しない前提になっているが、たくさん来ること自体が悪用を増やしてしまい、だんだん日本の社会保険や生活保護などが浸食されていく可能性がある。

――観光にしても、今オーバーツーリズムが問題になっています。

私は観光をよくするほうだが、京都なんてもう行きたくても行けない。私は暇な老人だから平日に行くが、平日でも厳しい。

ただオーバーツーリズムの対応は簡単だと思う。外国人料金を取ればいいだけ。入館の時に高い料金を取ってしまえばいい。そうすれば人数は少なくなる。それでも来たいなら来ていいと思う。

――アメリカでもそうですが、どの国でも、ある程度特定の外国人が集まると、そういうコミュニティができる。

アメリカでもチャイナタウンがある。外国人の人口が多くなると、いろいろな意味で大変になる。外国人比率はある一定以下に抑えないとダメなんです。

ヨーロッパは流れが全部ひっくり返っていて、もう移民はほぼ受け入れない。トランプのアメリカも同じ。

これについてはいろいろな研究があるが、要するに移民が入ってくることによる経済効果を、それに伴ういろいろな社会的コストの方がはるかに上回っているというデータがあるから、もうヨーロッパも入れない流れになっている。だからトランプも、イタリアのメローニもそうだし、スウェーデンなんかもかなり厳しく大転換している。

それなのに日本は、2周遅れくらいで、「今から入れましょう」などとわけのわからない

こと言っている。ヨーロッパが入れないと言っているときに日本だけが入れたら、大変なことになるに決まっている

今、中国だけで大変なのに、今度はアフリカや中東、ヨーロッパから、とんでもない人たちが来てしまうよ、きっと。

――川口みたいな場所がいっぱいできちゃう？

可能性は大いにある。移民はちょっとやめましょうということ。

観光はギリギリOKとも言える。移民と観光を比較すると、移民の方が低所得者が多く、観光客の方がより所得の高い人が多い。価格を高くすると本当の金持ちしか来なくなるから。お金持ちにはすごい高級ホテルに泊まってもらって、価格も高くすればいい。

金持ちは金を取ることによってコントロールし、移民は入れない……私はそう割り切っています。

（２０２５年１月21日）

中国が日本人の短期ビザ免除　その裏の狙いとは

――2024年11月、中国が日本人への短期ビザ免除再開というニュースが出ていましたが……これは、いいことなんですか？（笑）

全くだ（笑）。冷静に見るために時系列を整理すると、この話は中国の外交部、つまり日本でいう外務省から出てきて、11月22日に発表した。

ところが、日本にメリットがあるかのような「いい話」なのに、11月16日の日中首脳会談では、この話に触れられてない。

だから要するに、ペルーのAPECで習近平に会って、へりくだって両手握手までしたのに、こういうおいしい話を石破さんには言わず、その後すぐ発表した。なぜ石破さんには言わなかったのかな？　と、まずは思う。

だから中国は石破さんを相手にしていないのかもしれないし、ひょっとしたら日本の外務省が一生懸命やったのかもしれないけれど。日本の外務省がこういう小物の餌に食いつくということを知っている中国の外交部がわざと日本の外務省に与えたのかもしれない。

そして、石破さんはトランプから相手にされていないことを中国側は知っていて、習近平もトランプから相手にされていない。だからお互い相手されていない日中でちょっと仲良くしましょう……という感じの秋波なのかもしれないと私は思う。

本当に、もっと大々的にプレイアップしていくのなら、首脳会談で石破さんに直接言えばいいのに言わない。これはおかしい。

だから中国側としては、その後の石破さんの動きを見つつ、習近平から直接言わずにこういう餌をちょっとまいてやろうくらいに思っていたのかもしれない。

そこに日本側が食いついてくれれば、まあお互いに「トランプからやられてますな」と傷をなめ合いながら「一緒になってやっていきましょう」なんていう雰囲気が出てきかねない話だ。

――うーん、石破さんはそれでもいいのかもしれないですけど……。

こんなの小さな話、「まき餌」みたいなものだから、石破さんは喜んではダメだ。

そういえば日中首脳会談の時、石破さんは握手の仕方を間違った。外務省から「右手だけで握手してください」って絶対に言われているはずだが、両手で握手してしまった。あれはダメだよ。習近平もびっくりしちゃって、え？　こいつ、両手で握ってくるのか？と思っただろうし、「こいつには別に餌なんかあげなくてもいいや」と思って、それでその後外交部が発表したのかもしれないし。私などは、そんなうがった見方をしてしまう。いずれにしても、中国のほうがすりよってくる時は危ない話なんだ、大体が。

あまりこんなことで喜んでいたらいけなくて、トランプ政権発足後、対中の包囲網を作る時にガンガンやってくるから。そこにいろいろ備えて中国との間は日本も対応を用意しておかなければいけないのに、石破さん、ひょっとしたらどっちにつくか分からない感じだものね。

――それは困りますね……で、日本人は中国に行きやすくなるわけですけれど、行っても大丈夫なんでしょうか？（笑）

それは別問題で（笑）。最近中国の治安が非常に悪くなっていて、すごい事件がたくさん起こっている。中国は安全ですと言うんだけど、本当か？ だから、中国側が安全ですと言いたいために今回ビザ免除を再開したのかもしれない。でも今、中国で人さらいとかすごい状況で、景気状況も良くないから、ものすごい犯罪が起こっている。危ないよ。だから中国側はそれをちょっと払拭したいのかもしれないし、あるいは国内の治安が悪いのを隠したいのかもしれない。対トランプで共感を作りたいのか、首脳会談ではなく別のレベルで言ってきたり。いろいろな意図がありえるから、よくわからないところがある。

――アメリカは、中国渡航レベルはどう考えているんですか？

基本は「危ないので安易に行くな」という話。一応２０２４年11月にバイデン政権が１

段階引き下げたけど、トランプ政権で再び引き上げるかもしれない。中国国内の治安が悪いというだけではなくて、政治的な話で拘束を受ける可能性があるから。西側諸国は「中国に行かないように」という話になっている。でも日本は比較的ゆるいと思われているから、中国側としては「来なさい、来なさい」と言って、日本を突破口にしようとしているのかもしれない。

――これ、日本の外務省が喜んで受けたということは、もう中国への渡航危険レベルを上げる気はないのですか？

そうなるかもしれない。ビザ免除なのに渡航レベルで「注意」などにしておくと、中国のほうでも「免除しているのに何だ」と言いかねないから、警戒レベルの引き上げを事前に抑制させるために牽制球を投げたかもしれない。どういう意図があるのかよくわからないし、いろいろな意図があるような気もする。疑心の根っこは、日中首脳会談で言っていないことに尽きるが。首脳会談で言わないということは、何らかいろいろな意図があるのかもしれないという。

――首脳会談で言わないことには、それだけ大きな意味がある？

そう。首脳会談で出したらさすがにすぐ引っ込みがつかなくなるし、意図もはっきりするわけだが、今回の場合はそうではないから、何かあったらすぐ引っ込めることもできる。私の邪推だが、中国の外交部の官僚なんかが画策している話かもしれないという気がするけれど。今まで述べたような、いろいろなウラの意図があるような気がする。

（2024年12月9日）

中国人が熱海市長になりたい？　まずは議員・立候補者の帰化情報を公表せよ！

――気になるニュースがありまして。「なぜ出馬表明？　熱海市長になりたい中国出身の男性に聞く『帰化したら日本人と同じ。市の経済復興を実現したい』」という話がAbemaプライムで出ていたんですが。

これは市長の話だが、実は国会のほうにも、帰化して議員になっている人はいる。日本は、帰化すれば日本人だからそれも認めるという話だが、私は果たしてそれでいいのかといつも思っています。

要は、これも全部「相互主義」で考えればいいのではないかということ。

例えば、日本人であっても簡単にその国の人になれる国、かつその国で民主主義のプロセスがあって、民主主義で議会が構成されている国であったなら、その国の人が日本人に帰化したら、当選すれば議員をやらせてもいいと思う。

でも、中国の場合はそもそも日本人だった人が中国人になるのは難しい。しかも中国で民主主義的なプロセスで議会のトップになることも難しい。そうなると、そういった中国人も、日本人に帰化すれば他の国との人と横並びで全部同じ扱いというのは少しおかしいと思う。

今後この手の話になった時、国会議員も経歴の中で、帰化した人はいつ帰化したのか、はっきり書いたらいい。それは情報として重要だから。今帰化して議員になった人で、自ら言っている人はほとんどいない。とても変な状況です。有権者がもともと日本人だと勘違いして投票しているかもしれない。

帰化している人が、ちゃんとしたプロセスで相互主義に基づいて日本の首長や議員になるなら私は反対はしない。ただその時に、相互主義で扱うことと、その人の過去の経歴をしっかり示してもらいたい。相互主義はすぐできないとしても、過去の経歴の公開義務づけはすぐできる。

この熱海市長に立候補したいという人の例で言えば、帰化して何年かたったら立候補を認めるという規定を置いてもいいと思う。何しろ少し考えたほうがいいよ。日本の中にいろいろな国の人がいるのだから。フィリピンでは、やはり中国の人が市長になって、実はスパイだったという疑惑もあるくらいだからね。

――では、今は帰化したらすぐに議員や首長になれるというか、制限がない?

そうなんだ。それはちょっと変だと思う。

この人の場合は自ら公表しちゃったからすごく分かりやすくなっているが、そうではない人も結構いるからね。

――でも、それだと、外国人参政権を目指す左巻きの人たちは「いやだ」って言い出しそうですね。

そう。だから私がこういうことを言うと、動画のコメントにも「絶対反対!」なんていうのが、もう山ほど来る(笑)。

――そもそも、外国人参政権に何かメリットってあるんですか?

日本人にはないよ(笑)。だから制限している国が多い。外国人がたくさん生活していて、彼らの意志をある程度反映すべきというのはあるかもしれないけれど、一般的に言えば外国人はずっと居付くかどうかわからないから、参政権なんか認めなくても別に構わないというレベル。ヨーロッパの国々のように外国人ばかりだというところは仕方がないかもしれないが、それは国によってそれぞれ考えればいいわけで。

日本だったら、別にそこまで外国人参政権を言う必要はないのでは。これが外国人参政権どころか、外国人が首長になれるという話にもつながるわけで、これだけたくさんいろいろな人が来ていて、市町村によっては外国人の比率が非常に高いところもある。日本全体ではまだそれほどではないけれど。

そうすると、昔から住んでいる人が生活を変えさせられてしまう可能性が出てくる。私の家の近くの川口市なんてすごいよ。あそこの人たち、難民だ難民だと言っていたけれど、産経新聞は20年ぐらい前から出稼ぎだったとしている。私も怪しいと思っていたけれど。あの人たち、随分前からいたけれど、難民という感じはしなかった。そうしたら、やはり20年ぐらい前の入管の報告書で、彼らは難民ではなく出稼ぎでいることが分かって、やっぱり！　と思ってしまった。

あまりにも外国人を排斥する必要はないけれど、やっぱり正しい情報でやってもらいたい。

クルドの人の難民申請が重要だとか言っている人がいたが、みんな出稼ぎなら、難民だというと偽装難民になってしまうけど、それでいいのだろうか?

そんな報告書があるのならもっと前に出してよ、と言いたくなる。今ごろ分かったと言われても困るよ。日弁連が公表に反対してお蔵入りになっちゃったらしいが。反対されたらお蔵入りにするのではなくて、どこかで公表しろよと思うけれど。

――やっぱり日弁連は、そういう方向性なんですね。

そう。この資料は難民の訴訟の関係で作られたらしいんけれど、その時に日弁連が猛烈に抗議してきたらしい。

でも抗議されたからといって出さないのもわからない。ならば、裁判資料で使わないにしても、外で公表してもいいではないか。せっかく国費使いながら調べているのだろうから。どういう力学が働いて公表しなくなったのかもよくわからない。もう20年前だから。

川口のクルド人が難民だと聞いていて、怪しいとみんな思っていたけれど、何だやっぱり本当に出稼ぎだったのかと思ったのは事実ですね。みんなすごく稼いでいて。ちゃんと事業していて。川口はそういう人が多い。

――やはりいろいろ問題ありますね、外国人への政策には。

外国人の話は、人口がある一定以上になると問題が急速に大きくなる。以前から私も言っていることだが、外国人比率が高くなることは経済成長にあまり役に立たない。そこに尽きてしまう。

（２０２４年12月2日）

中国が台湾周辺で軍事演習しているのに眠たいことを言っている石破首相

――２０２４年10月、中国の人民解放軍が台湾を包囲する軍事演習を行って問題になっているんですが、石破さんがこれに対して「推移を注意深く見守りながらどういう事態にも対応できるような体制を整えておく」と発言をしまして。これって大丈夫なんでしょうか？

大丈夫なわけないですよ。まず、「整えておく」と言っていること自体がダメ。どういう事態になっても対応できるように「整えてある」と答えなければ。なぜなら、「整えておく」だと、まだやってないという意味になってしまう。びっくりする。相変わらず何を言っているのかわからないね、この人。

この手のシミュレーションは今までもいろいろしているんです。日本の法律はちょっとふわっとしていてあまり役に立たないが、安倍さんの時にやった平和安全法制で、「武力攻撃事態」「存立危機事態」というのを決めたけれど、まずは起きたことをそこに当てはめる作業がある。

反対が多い中で決めた法律だから、何かが起ればどの事態に当てはめるかを考えるという法律になっているけれど、実際は何が起これればどの事態なのかっていうのは、もう全部事前に決まっている。そこがまだ、石破さんには言えていないということだと思う。

自民党総裁選のテレビ討論の時、「台湾有事になったらどうなるか」と聞かれて、石破さんは相変わらず「～ねばならない」しか言わなくてよくわからなかったけれど、高市さんはすごくすっきりしていて、それは「存立危機事態」と明言していた。同様の発言をしているのは、あとは麻生さんだけだ。

存立危機事態となると、集団的自衛権の一部が行使できる。その理由としては日本の存立が非常に危うい、シーレーンも危うくなって日本の首が絞られるという話で、そんなのは当たり前だと思う。ここについて何か議論しなければいけないなんて、実際に起ってから言っていたらもう間に合わない。

石破さんの場合は心の準備ができてないようだ。やはり国のトップになる時に一番重要な話は危機管理。危機の時にどのように危機管理をするのか、しかもそれは危機になってから考えるわけではなくてほとんど事前に考えてある。それを頭の中に叩き込んでいて、あとは応用問題でささっとやっていくってのが普通だ。「いろいろな事態に対応できるようにしておく」ではなくて、「いろいろな事態に対応できるようになっている」と答えなければダメなんだ。石破さんは総理になる準備や自覚がなかったと言われても仕方ない。実際、自民党総裁選の時も、ちょっと何を言っているのかわからなかったし。

ああでもない、こうでもないと言っていても、実際にはそんなに待ってなんかくれない。事態はどんどん進むわけで。普通の国なら最高指揮官がどんどん命令を下していく形になるのが当たり前だが、事態が実際に起きている中で、どう対応するかなんて考えている国はない。ちょっとびっくりするよ、石破さんのこういう認識。こういう時に、お里が知れてしまうね。

――考えていないってことですからね。

考えていないんじゃない？　平和安全法制の議論をしている時に散々シミュレーションしたけど、よく話を聞いていなかったんじゃない？　その議論だって、はっきり言って普通の国から見ればとんでもない代物。こういう事態になったらこうだ、とかいろいろ言っていても、現場ではそんな話を待っているあいだにいろいろなことが起こるんだ。

まあ平和安全法制の議論をしていた当時は平和な状態だったから頭の体操をしてもいいかもしれないけれど、でもそのときに散々やっている話だ。だから石破さんは、台湾有事は存立危機事態になると、はっきり言えばいいだけの話なんだよ。

――中国に気を遣っているんですか？

気づかっているのと、思考方式がネバネバなんだよ（笑）。思考がネバネバの人というのは、最高指揮官にはあまり向いていないんだけど。上に立つ指揮官があれこれ条件を考えて、先にはっきり言わないと全体は動きようがない。あと、加えて防衛大臣が中谷元さんだとか外相が岩屋毅さんだから。

――そこの2人もですか。

あまりパッとしない。中国から見たら、アメリカ大統領がトランプになる前が狙い目だった。トランプは何するかわからないから怖いけれど、石破×バイデンの間に演習をしかけて、日本とアメリカの出方を見ているという面があったと思う。

本番をやるなら、演習をしているときに始めるのが一番楽だ。そのまま「これから本番です」って言ってしまえばそれっきりだから。もし中国が本当に台湾の回りを全部封鎖してしまうと、もうシーレーンがあそこでちぎれて、日本は大変になると思うよ。

――今回、より台湾に近いところまで来ていたという報道もありましたけれど。

まあ、ギリギリまでやっておいて、本番にいつでも移行できるような意味での演習ではないかと思うけれど。

アメリカもそうだが、日本も対応をミスると、間違ったメッセージを中国に与えることになる。間違ったメッセージとは、中国が台湾に出てきても、アメリカも参戦しない、日本も参戦しないっていうメッセージのこと。

――そういう観点から見ると、石破さんのコメントは……。

こういう時に強く発言するのは中国を刺激すると言うかもしれないが、間違ったメッセージを与えてはいけない。中国には、本当に台湾に来たら大変なことになるぞと、はっきり伝えなければいけない。そういう観点からすると、石破さんの「これから考えます」というのは、ちょっとあまりにもひどいのではないかという気がするけれど。

――ちょっと心配ですね。

このメッセージに対して、今後の中国の演習がどのような形になってくるかに注目しなければいけないね。そもそも石破さんの発言だと、「遺憾砲」も撃っていない感じじゃない。

（2024年10月15日）

石川佳純さんや早田ひな選手の発言を中国が騒いでいるが、余計なお世話だ！

――2024年8月18日の「SmartFLASH」の記事なんですが、「『相手にしなくていい』石川佳純『東郷神社参拝』で中国SNSが炎上〝あこがれの人〟にもフォロー外され集まる〝エール〟」という記事で、

「8月16日までに、元卓球選手でスポーツキャスターの石川佳純の、中国SNS『微博（ウェイボー）』のコメント欄が閉鎖する事態となっている。中国ネットでの批判が過熱していることが理由だ。週刊誌記者はこう話す。中国ネットでの批判が過熱していることが理由だ。週刊誌記者はこう話す。

『発端は、石川さんが取材したパリ五輪の前、出場する張本智和選手と、東京・渋谷の東郷神社を参拝していたことが、インターネット上で発掘されたことだそうです』」……まただ？　という感じなんですが。

これ、早田ひなさんの話（パリ五輪中、「当たり前に卓球やれているけど、それは当たり前の

ことではない。鹿児島の特攻資料館に行きたい」という趣旨の発言をしたことが中国を中心に「炎上」の延長みたいだけど、神社に参拝するなんて別によくある話じゃない？　何なんだろう？　これでフォローを外すのなら仕方がないよ。
石川佳純さんはとても美しい方だし、今回のパリ五輪のキャスターの中で一番株が上がったような感じがする。

――中国語もペラペラなんです。

卓球選手はみんなけっこうペラペラだ。やっぱりコーチなどに中国人が多いから。別に中国人を排除するわけではないけれど。勝利のお祈りをしに東郷神社に行っただけでアウトになるくらいなら仕方がない。それに東郷元帥は日本海海戦でロシアのバルチック艦隊を全滅させたけど、中国とは戦闘もしていないしね。

――ひどい話です。

みんなどこかに神頼みに行くだけの話で、プロ野球選手だっていろいろ行っている。普通の行事なんだから、そこを言い出したら話にならない。何を過剰反応しているのか。やっぱり早田ひなさんの話があったからかな？

――中国はなぜ、こんないろいろなことが政治的になってしまうんでしょう？

それは共産主義だから。要するに共産主義の国では、スポーツ選手はみんな国家の支配下。誰か上のほうの人が言ったことにみんななびくんだ。

――逆らったらもう出場もできない。

恐らくオリンピックも出られなくなってしまうのでは？　「ステートアマ」と言うのだが、まあ実際はアマではないとしても、要するにみんな国家管理の選手ということ。共産主義国がオリンピックですごくメダル取るのはそういう背景があるからでね。国家主義で全部国が管理するし、予算もたくさんつく。だから上の人、国家公務員だと思うけど、その人に気にいられるようにしていなければいけないとみんな思っているのでは？　それが中国の常識だから、こういうことになるのではないかと思う。

恐らく日本では、こんな話は馬鹿げていて誰も取扱ってくれない。他の国でもそうだ。どこかに行ってお祈りして、必勝を祈念するなんてよくやることで、別にどうってこともない話だよね。

――早田さんだってすごくいいことを言っているのに……。

日本人の中でも「特攻隊を賛美するな」という人もいるけど、早田さんは別に特攻隊を賛美したわけではない。映画（『あの花が咲く丘で君にまた会えたら』）を見て感動したのでしょう。「平和の世の中でうれしいです、でもこの平和は当たり前ではなくて、若くして散っていった特攻隊の方々に感謝したいです」と言いたかっただけだ。それをみんなで曲解しながらいろいろな議論をしている。スポーツ選手がちょっとまともなことを発言すると、影響力がある分不都合になる人がいる……ということなのでは？

――日本国内にも？

そう。別に早田さんの意見なんか不都合でもなんでもないし、普通の若い人の常識的な意見だと思うけれど。

――それを、一部のお年を召した方々が……。

いろいろ言うんだろう。大体左巻きが言うんだ。左巻きのメディアもいて、大体曲解しながら言うよ。わざと曲解するのを「ストローマン手法」とか言うらしいけれど、つまり発言者本人が言っていないことを「言った」と決めつけて、けしからん、なんて批判するわけだ。言われた方は実際わからない。なぜなら言っていないんだから。そこでスルーするんだけど、するとスルーしたこと、何も発言しないことに対しての批判が盛り上がって炎上してしまうことがよくある。

――それで、何だか訳がわからないことになってしまう。

変な話に発展するということがある。こういう手法、よく使われているけれど。やはりSNSの時代はそういうことがある。でも、はっきり言ってあまり気にすることはない。今回で言えば、特に中国のSNSで炎上するなんて全然気にならない。

――確かに。中国でしか見られないわけですし。

中国にはファイアウォールがあって、日本からはあまりアクセスできない。まあ中国専門家の人が見ているかもしれないし、だからこういう記事にしているんだろうけれど。でも普通の日本人は別に見られないから、何も気にすることはない。私だったらこんなの全部スルー、無視だ。気にしたところで意味がないから。

私は大学の先生をしているから、コロナの時はオンライン講義があった。私の大学にも中国の留学生がいて、中国に戻っている彼らに講義しないといけないのに、オンラインがなかなか難しい。チャイニーズファイアーウォールのために、向こうから見られない。もちろんこちらから中国製のソフトを使って発信するとすぐできるんだけど（笑）。元々中国はそんな風に閉鎖された社会なので、そこでのSNSなんか気にすることはないということです。

（2024年8月27日）

第5章

メディア編

ネットに押される
オールドメディアの現実

フジテレビ記者会見で炙り出された低レベルのジャンク記者

――2025年1月27日に行われたフジテレビのやり直し記者会見が、ギネス記録に迫る10時間超えというので結構すごかったんですが、髙橋さんはご覧になりましたか？

見ましたよ。月曜日の16時から火曜日の未明の2時半までやっていたという話だったけれど、さすがに私も全部見ていなくて途中で寝た。途中で休憩があって、その後も少し見ていたけれど、ずっと同じような感じになったからこれ以上見ても……と思って。だから最後どうなったかは実は分かっていないけれどね。

最初にクローズドにして、記者を限定して会見をやったけれど、今回オープンにしたら、まあ記者の9割はジャンクの人が出てきたという感じだったね。

あれはあれで、オープンの記者会見にした方が戦略成功。あれだけ記者のレベルが低いと、相対的にフジテレビの首脳陣……あの人たちもレベルは高くないけれど、相対的によく見えるから。これはこれで、フルオプーンにしたのは正解だったね（笑）。

それで、ジジイが並んで、トイレタイムもなしで、なんかもうキャンキャン言う人たちがたくさんいたということは放送事故かもしれないけれど、フジテレビとしてみればまあ、経営陣をちょこっと切っただけでしのげたから、まあ正解といえば正解なんでしょうね。

本当はもっと精鋭記者がガンガンやったら結構辛かったと思うけれど、あれだけジャンクの質問が多いとね。

ことがここに至るまでに、記者の人たちの前提となっているのが「週刊文春」の記事だった。文春の記事では中居正広さんと被害女性の間にフジテレビのA社員という人が介在していたか、いなかったかという話で、ほとんどの記者が介在しているという前提で質問をしていた。

で、文春がその日にシレッと記事を修正している。これがまた面白かった。シレッと修正しているから、不勉強な記者がもう全部炙り出されてしまった。修正していることを知らずに、まあ声高にいろいろなことを言っていた。「ここがポイントですよ！　問題なんですよ！」なんて言っているけれど、根拠になっていた文春の記事が違っていたことを知らないで大騒ぎしていて、何を言っているの？　という話。

文春がシレッと記事を直すこと自体ははっきり言ってけしからんのだけど、シレッと直すことによって、あれはあれで記者のほとんどが不勉強だということが炙《あぶ》り出されたっていう意味で私は面白かった。きちんと元々を調べないで、鵜呑みにして質問する人ばかりなんだ。まあ、ほとんどが「コタツ記者」だ。あんなのいくら来てもしょうがない。もうほとんど、9割がジャンク。もうメディアなんてあんなものだ。

――ネットのメディアの人も多かったみたいですね。

多くても、基本的にはまあジャンクだよ。ネットメディアなんていっても本当にまともなのはごくわずか。だから日本ではメディアの人が多いと言われるけれど、ジャンクばっかりいるからだろう。あれだけの人間が、あんなジャンクな人たちが飯を食えるという世界はないよ。

レベルの低いやつが山ほどいて、それがジャーナリスト気取りでいろいろなこと言っているから、フジテレビの方は、楽は楽だったんじゃないか？

――天下りのことを聞いているような人もいましたけど……なんか一蹴されていましたが。

天下りなんて言うからダメなのであって。ちゃんと有価証券報告書に基づいて、省庁出身の方がいますが、どのような経緯で採用されたのか？　とか、そういう風に聞けばいいのに、全然分かっていない。だから簡単に一蹴されてしまう。

天下りというのは定義がはっきりしてないから、一般的に天下りとは所管官庁側が押し付けてやるという話だが、フジ側から「それはない」と言われたら、もうぐうの音も出なくなっちゃった。

それならば、どのように採用したのか、いつ面接したのか、これは公募か……といったことを聞けばいいのだが、そこまで知恵がないんだろう。無理だ、あの方々には。

――外国人株主の比率の話も出ていましたね。

あんなの、もっと勉強していけって。私もＹｏｕＴｕｂｅで言ったけれど、あれは「議決権の20％」だから。名義書換の時に外国人比率をチェックしていて、20％を超えそうなときには放送法に基づいて外国人の名義書換を拒否する。名義書換の拒否は結構難しいし、間違えて書換してしまって結果的に20％を超えたりする可能性もあるから、そういうところから質問したほうがいい。どこで名義書換を頼んでいるのか、どうやってチェックしているのか、リアルタイムにどうやって把握できているのか、名義書換を拒否した場合配当はどうしているのか……そういうことを聞けばいいのに、知恵がない。

いくら単に外国人比率が20％を大きく超えていたからと言って、それで20％を超えているじゃないかと短絡的に指摘しているだけ。頭が短絡的。議決権と外国人株主比率は別。もう、聞いていてイヤになる。こんなレベルの人が質問しても無理だ。

あと、第三者委員会の話があったでしょ。中居さんの話、事実認定の話は、あの場でいくらフジテレビの取締役に聞いても仕方がないことなんだよ。第三者委員会を作ると決まったら、事実認定はそちらでやることになるから。いくら聞いても無理。

おまけに文春の記事が訂正されて、中居さんの話にA社員が絡んでいなければ、この話はもう完全に中居さんと女性の問題であって、フジテレビはちょっと引く。

そうすると「前後にいろいろあったはずだ」とくっつけていろいろ言い出すけれど、そういう事実認定も含めて第三者委員会での話になるから、あそこでいくら聞いても無理。そういうこともわからないくせに、変な答えが出るとキレてしまう。あれでは、ジャーナリストとしてはもう失格だ。そういう状況が可視化されて、私としてはジャーナリストのレベルの低さが出てしまったという感じを持った。

――日枝久さん(フジサンケイグループ代表、フジテレビ、フジ・メディアHD両社の取締役相談役)が会見に出てこなかったことを指摘している人もいましたが……。

形式的に言うと、日枝さんが出るか出ないかと言えば、代表権があるかどうかの話。日枝さんには代表権がないけれど隠然たるものを持っているわけで。こうなると、企業風土などに対して第三者委員会でどういう答えが出るかに委ねるだけ。

もし浄化作用があれば、取締役会で日枝さんを解任することもできる。でもそれを、会見の場でいくら指摘しても、最初に第三者委員会に委ねるということになっているから無理。逆に言うと、一応取締役会を開いて、はっきり言えば日枝さんを守る形になった。

あの会見に出てくる人は、みんな日枝さんの茶坊主みたいな人ばかりだから、あそこでいくら言ったところで仕方がない。株主総会でやるべき話になる。株主総会で解任要求が出ると思うから、その時の話になるだろう。

だから記者会見の場でいくらマスコミが力んだところで、株主でもないし権限がないんだから。株主総会でしゃべれという話が多かった。いろいろな制度も知らずに、勘違いしている人ばかり。

――そうすると、フジテレビに広告が戻ってくるというのは、もう少し先になりそう？

先になるね。3月に第三者委員会の報告が出ると言うけれど、全体的な報告は無理では？

そこで第1弾の中間報告のようなものがあって、そこでまあ「フジテレビは変わりました」という形になって、最終的には6月の株主総会の後になるのでは？　2025年の4－6月期も広告は無理だと思う。

――今期（2024年3月期）もだいぶ厳しい？

フジテレビ単体では、通期で赤字になる。来期も下期でどのくらいカバーできるかという話。まあでも、いくらフジテレビが赤字になったところで、フジ・メディアホールディングスというグループの収益では大した話ではない。投資有価証券なんかたっぷり持っているし、いい不動産ももっているからね。

（2025年1月29日）

フジHD、年寄りだらけの役員を総取っ替えすれば株価は爆上がりする！

――フジ・メディアホールディングス（フジHD）の経営刷新小委員会のメンバーが発表されまして、天下り批判の元総務官僚吉田真貴子氏の名前も……という話になっておりましたが、これについてはいかがでしょう？

吉田真貴子というのは、通称は「山田真貴子」という人だが、総務省の官僚だった。同期の吉田さんと結婚したから本名は「吉田真貴子」。今までずっと山田真貴子と言っていたのに、なんかこういう時になると、本名をなぞっているというのもちょっと……菅政権の時も「山田さん」とみんな呼んでいたけれど。

――何かをごまかすつもりなんですかね?

通称と本名2個使える人はよろしいよね。

それはさておき、経営刷新小委員会のメンバーを見たらびっくりする。大体社外取締役を集めているんだけど、彼らは今の経営問題の当事者なのでは?

当事者が、自分たちを刷新しなければならないというのはちょっと冗談みたいな話。こういう時はやはり外部の人を入れないとダメでしょ。

そして、メンバーの年齢を見たらすごい。これは無理だ。

――すごい年齢ですよね

これで経営刷新だなんて笑ってしまう。名前が載っている人はみんな日枝さんに選ばれた人だから、言えるわけがない。もうこんなの、茶番みたいな話の典型だ。だからこれでまた笑われたいのか、よくわからないね。

私の直感では、株主総会まではこんなくだらない話がたくさん出て、みんなに冷やかされながら行くのではないかという気がするね。

そうしていても大丈夫なのは、前にも述べたとおり、フジHD、フジサンケイグループが大きな意味では不動産会社だから。ピカピカの不動産、ピカピカの有価証券を持っている。人的資産はもうほとんど不良人材でも、物的資産はピカピカだ。物的資産は裏切らないから非常に頼りになる。人なんか適当に裏切るから。

株式市場で、どのくらいの株価が適正かを判断する上での数字をひとつ言うと、PBRがある。プライス・ブックバリュー・レシオ（株価純資産倍率）という。簡単に説明すると、貸借対照表にある資産から負債を引いたものを純資産と呼ぶが、それを発行済み株式数で割り算すると、1株あたりの純資産（BPS）がわかる形になる。フジHDで言えば、もしも今、フジHDの事業をすべてやめて解体するとしたらどれだけの純資産が残り、それが1株当たりどれだけ分け与えられるかということ。

現在、フジHDのBPSは3000〜4000円レベル。ところが、現在の株価は2000円ちょっとでしかない。ということは、あり得ない話ではあるけれど、今フジHDの株式を買って、全事業をやめて解体して、残った資産を株主に分け与えるとすれば、それだけでかなりもうかるという話。なぜなら、ピカピカの不動産と有価証券があるから。経営者がどんなにジャンクであっても、辞めてもらって、株主でピカピカの不動産と有価証券を分配すれば今でもかなりもうかってしまう。

PBRは通常1に近い数字（1株当たり純資産と株価が似たような水準であること）が普通

で、経営陣が優秀なら1よりさらに高くなる。反対に経営陣が悪くて不良人材だと1よりも低くなる。そういう視点で見ていくと、フジHDのPBRは一時東証で最低水準のグループだった。こんなのを見せられたら外国人ならすぐ買いたくなってしまうけれど、外資規制があるから買えない。それでも3割くらいは外国人が保有していて、みんな値上がりを期待しているのでは？　日枝さんがいなくなってまともな経営者に代われば、PBRが1に近づくと思えるから。

――ならば、株主からすれば早く辞めてほしいということ？

もちろん。だから株主総会で解任決議が出るだろう。出さなかったら、ピカピカの不動産や有価証券があるのに、人的不良資産で価値を下げてしまうことになる。

つまり、株式市場ではこういう風にフジテレビ問題を見ているということ。フジHDがあって系列も大変だとかいろいろ言っているけれど、フジテレビの話なんかはっきり言って小さい話。別に広告が1年、2年なくても、フジHDで見れば大丈夫だ。フジテレビの状況だけ見ている人は大騒ぎするけれど。

――それで、あの騒動があってから株価は逆に上がっているわけですね。

それはそうだ。だってこれで、今まで日枝さんがしがみついていたのが、ひょっとしたら株主総会か何かで下ろされるかもしれないという期待があるから。

今買っている株主はみんなそこを見ているから、株主総会で解任決議が出たら、結構多くの人が賛成するのではないかと思う。そういう意味では、株主総会まで楽しみな株。

――日枝さん自身は株をそんなに持っていない?

持っていない。もう人事権だけで今まで40年以上独裁体制を確保してきたわけで、人事に全て絡んで、社内に日枝さんの悪口を言っているやつがいたら通報するみたいな仕組みを取って、そいつを外にポーンと放り出したりして、今まで築き上げてきた。

今の取締役以下、役員なんかみんな日枝さんが選んでいるから、こんなので経営刷新なんかできるわけはないけれど。

唯一できるのは外部の株主だけだね。株主はそうすれば株価がもっと上がることが分かっているから、多分やるだろう。

――確かに、最近フジHDの株価は2400円くらいまで上がっていますからね。

でも、先ほども出したとおりPBRを見れば3000円ちょっとだから。

――まだ行ける、ということですね?

行けるかどうかは分からない。それはあくまで自己判断だけれど、ただし一つの計算として、取締役全員追い出してグループを解体すればもうかるかもしれないということは、いかに経営陣がひどいかということだからね。

――そう思うと、問題が出ているのに株価がかえって上がるという動きが少し理解できました。

当たり前だよ。フジテレビにCM来なくて大変だと言っている人は、本当に一部分のことを話しているだけ。なんだか、財務省が言う「一部の財政が大変だ」「借金が大変だ」という話にそっくりだ。グループ(=国)全体で見たら全然大したことはないのに、こういう話にだまされる人っているわけだよ。でも、大部分の株主の人はだまされない。だからみんな買っているんだ

(2025年2月4日)

フジテレビだけじゃない天下り、日テレには財務省のOBが!

――髙橋さんのXのポストを見ておりましたら、「そこまで言って委員会」(読売テレビ)の秘話(2025年1月26日)がありまして。

「オレは関西で『正義のミカタ』には出るが、『そこまで言って委員会』は出れない。と言うのは、以前出ていたが、番組の収録中に読売グループには財務省からの天下りがいて財務省寄りだと発言し、その部分は番組中にカットと言われてそれ以来出ていない。今日の『そこまで言って委員会』は緩いな」……という内容について、改めてお聞きしたいのですが。

まあ、そんなに秘密にしているつもりはないけれど、昔は大阪に行って、「そこまで言って委員会」も「正義のミカタ」（ABCテレビ）も出ていた。両方出ている人は珍しかったらしい。2つの番組はそれぞれライバル関係にあるから、片方に出ているともう片方は出ないという不文律みたいなものがあったらしいけれど、私は両方とも最初から出てしまっていたから、関係なく出ていた。

でもある時、何の題材かは覚えていないけれど、「そこまで言って委員会」に辛坊治郎さんがいて、何だかすごく財務省寄りなことを言うから、私は思わず、「まあ日テレホールディングスには財務省の天下りがいますからね」と言ってしまった。「そこまで言って委員会」は事前収録だが、もう大騒ぎになってしまった。辛坊さんがその場で、「これはカットです！　これはカットです！」と何回も叫んで。まあ実際問題カットされました。それ以降、1回も呼ばれなくなった（笑）。

――そういうことだったんですね。

だって日テレホールディングス（日テレHD）という、読売テレビの株主の会社に行っている官庁出身の人、みんな私の知り合いだし、行っていることもよく知っていたから。勝栄二郎さんという人と、真砂《まなご》靖さんという人、佐藤謙さんという人がいて、この3人とも大蔵・財務省出身だから、「行っていますね」と言っただけ。なぜ事実を言ってはいけないのか？ 別にうそを言っているわけではない。

日テレHDは取締役が15人もいないが、勝さんと真砂さんは財務省の事務次官、佐藤さんは防衛事務次官と3人も事務次官クラスがいて、すごいなあと思って、それで財務省を批判するといけないでしょうか？ と言っただけ。そうしたらもう、本番中に「カットです！」となって大変だった。

――読売グループというか、マスコミにはやはり財務省の息がだいぶかかっていると思っていいですかね？

そうだろう。まあこれも邪推だが、ナベツネは財務省にすごく好意的。ナベツネがなぜ権力を持てたかというと、財務省と交渉して、大手町の国有地を安く譲ってもらったからという話が、まことしやかに噂されていた。大体どこの新聞社も一緒だが、すごく安い価格で譲られた国有地が、結構今の経営の基盤にもなっている。

――それで、フジHDの分析でも不動産だと言っているわけですよね。

そう。読売もその例外ではなく、国有地を安くもらった。本当はあまりいけないことだというか、今ならば入札しなければならない話だが、昔は結構政治部の記者のつながりなんかで払下げをしていたのは間違いない。

――そう思うと、そんな奴らが森友学園のことをギャーギャー言っていたんですね。

そう。だから私なんか笑ってしまう。国有地が……と言っているけれど、お宅の社にもありますよ、と私なんか平気で言っていたけれど。

私は現役時にたまたま理財局というところにいて、国有地の仕事は、もろにやったことはないが結構近くでやっていたから知っていて。私の同期のやつが国有地の担当の課長をしていたり、「大変なんだよ」なんて愚痴を聞かされたり。

一番直近では、日経新聞とJAなどで大手町の払い下げがあって、あれも大変だという愚痴を年中私は聞いていた。だから日経は財務省に対して何も言わない。

――そういうことをしれっとやっていて、でもみんなが知らないですよね?

あの話は今から十何年も前だ。日経だけで国有地の払い下げをやるとちょっと目立ってしまうから、他と一緒に、大手町の再開発だといってやっている、みたいなもんだね。

――で、そのことを報道はしないわけですよね？

しないよ。だからみんな、国有地を安くもらって経営基盤を強化しているわけだ。おまけに他にも、新聞は軽減税率適用。そんなのに財務省に逆らえるわけがない。だから結果的には天下りも受けているわけだ。

こういう話は本当のことだが、でも実際に言うと、「そこまで言って委員会」は出禁ですよ（笑）。別に私は出禁で構わないけれど。もうしゃべっちゃったわけだし。

――財務省の天下りは各局に行っているんですか？　それとも読売グループが特別に多い？

読売グループが特殊だよ。さすがのマスコミも、それで天下りを受けてしまうとなると、少しかっこ悪い。

だから、国有地の払い下げや軽減税率を受けているけれど、天下りは受けない代わり、あまりメディアとして財務省の悪口は言わないというのが普通で。だからオールドメディアはつまらない。財務省の悪口を言っているのは私とモリタクさん（森永卓郎＝２０２５年

1月28日死去、享年67）ぐらいしかいない。

——未だに「財政が‐」というメディアが多いですよね？

それはずっとそう。言わざるを得ない。軽減税率や、古くから言えば国有地の毒まんじゅうを食っているわけだから。

——財務省的には、そういうことはもう戦略的にやっているんですか？

国有地の話はすごく昔だから、どこまで戦略があったかは知らない。けれど結果的にはその頃国有地を安く払い下げた例は他にもたくさんあるけれどね。

——ああ、マスコミ以外にも。

そう。しかしある時からは入札になったから、そんなに派手なことはできなくなったけれど。そういう歴史があるから、国有財産の処分はいろいろなことで口を封じ込めるための結構いい手段だった。

それが、森友学園の話では全然関係なかったのにマスコミがさんざん言った。

どちらかというと森友の時、籠池さんに払い下げたのは沼地みたいなところの西半分で、その東半分は豊中市に売った。でもゴミがたくさんあったから、その後豊中市には補助金をつけて実際はほぼゼロ円だ。でも籠池さんのほうはゼロ円ではなくて1億円ぐらいになっているから、籠池さんから見れば、なぜ豊中市はゼロ円で、俺のところにもゴミが埋まっているのに1億円も取ったのか、そういう話だ。調べればすぐに分かる話なのに。マスコミって面白いね。

(2025年2月3日)

日経新聞アホ論説「財政破綻・円安けしからん」、無知と恥知らずの学者たち

――日本経済新聞の論説委員長の人が書いている記事、記事というか社説みたいなものですが、「不都合な真実、直視の年に」(2025年1月12日)というタイトルで、要約しますと、「賃金や物価が上がり、金利が戻ってきた日本の良い流れを途切らせてはならない。厳しい局面だからこそ日本が構造的に抱える『不都合な真実』に正面から向き合い、打開への知恵を絞るときだ。第一の不都合はむろん米国の自国第一主義だ。(中略)『トランプの米国』は日本のもう一つの不都合に作用しかねない。1ドル=160円の水準にじりじり近づく円安だ。(中略)もう一つの不都合は、財政や社会保障に対する将来不安の解消へ日本が歩みを進められていないことだ。公正な負担増を問うことを避けてきた政治の怠慢の表

れでもある。（中略）参院選の年。無責任なバラマキ合戦でなく、地に足のついた改革像を競ってほしい」……とおっしゃっておられますが。

まず、ごっつあんです。こういうアホな記事はごっつあんですね。

全体の話をすると、日経のいつもの基調で、財政の悪化や円安を悪者にするということだけれど、私のYouTubeや本を見ている人なら、そこから違っているということが分かっていると思うので、その前提で少し細かい話を見ていきましょう。

最初にいろいろ、「デフレ期や新型コロナウイルス禍のなかで、日本は短期的な痛み止めに頼りすぎ、経済の体質改善が遅れてきた」と言いつつ、「賃金や物価が上がり」これを良い流れと言っている。これは矛盾するよ。賃金が上がっているからいいじゃない。「遅れてきた」って言っているのに良くなっているんだから。こういう、全く矛盾した文章を平気で入れている。

あと、トランプの話をしつつ、論説の中にUSスチールの話が出てくるけど、それはトランプではなくてバイデンじゃないか、違うだろ？　とすぐ言えてしまう。

その後はお決まりの、円安がけしからん、社会保障の財政不安がある……という話になっている。本当に面白い、こういう人たちは。

なぜこんなに支離滅裂なことになってしまうかというと、大本は、「財政の悪化を市場が警告しないのはおかしい」という言い方になってしまっているから。

この論説にも書いてある。「市場の警告が効かない」。だから自分が警告するんだと言うけれど、あんたが間違っているのは、まず財政悪化自体がないということ。財政が悪化する、破綻すると思い込んでいる人が世の中にたくさんいる。「財政が悪化するのに市場が警告しないのはおかしい」だとか、市場までおかしくなって、だから自分が言っているのですなんて、わけのわからない話になってしまう。

私のYouTubeや本を見て分かるように、広い意味での財政、子会社を含めた全部で見れば、日本はものすごく黒字だから全然悪くない。これで話は終わってしまう。「財政は決して悪くなく、なのにたくさん税を取りすぎているからちょっと減税したらいいでしょう」ということを私は言っている。

ちなみに財政の話については、昔からいろいろな本が出ている。私が10年おきくらいに検証して書いているけれど、みんなハズレ。

書名も書いたので、ここに再掲しておきましょう。そうそうたる著者がいるけれど、この人たちみんなハズレだ。書かれた年も書いておく。ぜひご覧いただきたいと思います。

小黒一正『2020年、日本が破綻する日』(2010、日経BPM)
古川元久『財政破綻に備える　今なすべきこと』(2015、ディスカヴァー・トゥエンティワン)
藤巻健史『国家は破綻する『日本は例外』にはならない!』(2016、幻冬舎)
橘玲『国家破産はこわくない』(2018、講談社)
小林慶一郎『財政破綻後　危機のシナリオ分析』(2018、日本経済新聞出版社)

この方たち、ハズレを今もまだ平気で言っていて、「財政破綻しないことがおかしい」と思い込んでしまっている人ばかり。もう常連の人がたくさんいて、面白いよ。

他にも今から10年以上昔、アカデミズム、東大の中に、私もちょっとびっくりした研究会があった。東大の『「財政破綻後の日本経済の姿」に関する研究会』というもので、日本の財政学の一流どころがほとんどみんな集まってやった。

私は「バカな研究会だ、日本の財政なんて破綻しないのに……」とずっと言い続けてきたわけだけれど、そうしたらさすがにこの研究会、続けられなくなって、もうなくなった。

だからこれもハズレ。本当にハズレの人が多い。

――リストの中でちょっと気になったのが古川元久さん。今「103万円の壁」で頑張っている方ですが……。

そうだよ、国民民主党の。だから、もう根っこから違っている。根っこがその頭だということ。怪しいレベルの人が実は世の中に多いわけ。しかし、本というものは面白いよ。外れてもずっと残っているから。

でもこの人たちはすごい。いくら外れても平気な顔をしている。それでずうずうしく、「自分たちが警告したから今大丈夫なのだ」と言っている。あんたたちの意見なんか、最初からみんな何とも思っていませんよと言いたいよ。私なんか、もう最初から、ちゃんと広い政府のバランスシートから日本の財政はいいと言い切っているから。市場の警告も何も出ずに破綻しない、ただそれだけのこと。この人たちは全部自分が中心に回るから、言い方がすごい。

――結構お偉い学者さんもたくさんいる。

いるよ。この東大の研究会のメンバーを検索して見たら、みんなびっくりするはず。とてもじゃないけど、こういう人の講義は聞きたくなくなる。

――でも、日本の学界の中ではまだ力がある？

ほとんどそういう人ばかり。学者なら、予測が外れて、とんでもない話をしたら、ちょっと恥じなければいけない。でもそうではない人がたくさんいる。これ、財務省の方がそういう人を持ち上げて重用しているから。財務省自体もずっとハズレているんだ。

ネットの中では、「髙橋さんよく当たりますね」って言われるけれど、私は当たっているよ、ずっと。きちんと分析しているから当たって、きちんと分析していない人は外れるという単純な話。

マスコミはこういう財務省に軽減税率でエサをもらっているからヨイショしているというだけ。そういう人が、日経の論説委員長なんかになっているというだけです。

――ヨイショしているのか、本当に分かってないのか？

分かってないよ。分かっていないけど、ヨイショしていればいいと思っているだけで。心底分かっていたら恥ずかしくなるけれど、分かっていないから平気で書ける。だってこの日経論説委員長の文章自体が支離滅裂だ。

あえて言うと、私の動画を聞いていると分かるように、新型コロナで100兆円も使ったからこそ、今まで経済をプッシュして来ている。使いすぎたと言われたけど、私は使いすぎてもいいと思ったから。

――コロナ期の財政支出によって何かマイナスがあったかと言われても、何もないですよね？

何にもない。増税もないんだから。もしあの時何もしなかったらもっと地獄の底まで行っちゃって大変だったけれど、あそこで踏みとどまった。結構余計に出して、使い残し分を過年度支出にしているから今があるんだよ。プッシュして良かったんだ。別に財政負担もないんだから。「財政負担なしにできるわけない」って言うけれどやった。そのメカニズムは私のYouTubeを見れば分かると思います。

あともうひとつ、「円安は絶対悪い」と言う。円安が悪いなら、近隣窮乏化だとか、普通の経済理論が成り立たなくなるけれど。円安が悪い悪いってずっと言い続けているけれど、悪くないじゃない。

――この文章、もうひとつよくわからないのですが、「トランプの米国」になったら……と言っても、トランプだと円高になるわけですよね？

そうだよ。だからここも矛盾。トランプになったら今の円安はずっと放置してくれない、いずれ円高になる、この人たちの言う通りになる。けれど、そうなると日本経済はちょっと悪くなる。だから何も分かっていない。論説委員長がこれだから。これ、１回試験で学生に解説しろって出題したら面白いだろうな。突っ込みどころが山ほどあるような論説だ。

だから本当にごっつあんですね。こういう文章を読みながら、自分の経済のリテラシーをチェックできるいい教材。今回私がほとんど答えを言ってしまったけれど、他もよく読むとツッコみどころがたくさんあって、ほぼ全編ツッコミどころばかり。これは大ごっつあんですね。

（２０２５年１月20日）

齋藤氏兵庫県知事当選でワイドショー悔しいのぉ

――齋藤元彦さんが兵庫県知事に当選しまして、翌日からワイドショーでいろいろと報道がなされていましたが。

テレビの関係者に聞くと、ワイドショーをどうやってやるか、みんな緊急会議していたみたい。

答えはよくわからないので、とにかくワイドショーが負けたのは事実だから、という感じで行くみたいだった。

齋藤さんとしては議会と無用な対立をしても仕方がないので、そんなに問題を荒立てないと思う。県議会のほうもかっこ悪くてしょうがないから、ことを荒立てるとやばくなるっていうところがある。

齋藤さんには予算審議がある。議会のほうは百条委員会を作ってしまったので、やったふりをしなければいけない。だからやっていますとは言うんだけど、真空切りみたいな形で、実質は何もしない形になると思う。

そうするとなんとなく落ち着いてしまって、齋藤さんのパワハラや「おねだり」は事実上なかった形で終わりそう。議会は本当はしっかり事実認定した後に不信任決議をすればよかったけれど、しないでやっていたから。ここは曖昧のまま終わっちゃうけれど、事実上は民意を受けた齋藤さんの勝ち、パワハラや「おねだり」はよくわからなかったという形になるのでしょう。議会がここを再度突っ込んだところで、また逆襲くらう可能性があるから、多分やらないで痛み分けの形になるのでは？

可能性としては、県議会の自主解散がある。県議会は、実は齋藤さんのほうから見れば不信任決議案が出ない限り解散できない。でも県議会で自主解散するということは論理的にはあり得る。「あるべき論」としては、県議会が民意とは違っていたわけだから、自主解散して県民の真意を問うっていうのは筋論としてはある。でも多分、そんなに度胸がある人はいないと思うね。県議会でそこまで自分の首をかけて筋を通す人はいないんじゃないかなって気がするが。

今後は、兵庫県の22市で市長選が行われる際にどうなるか。立花さんが候補を出すと言っているから、そこがまた面白くなるかもしれない。ざっくり言うと、22の市のうち、18市では齋藤さんの票がトップなので、要するに選挙に出たいと考えている人は、18市の中で無投票になりそうな市から出るとチャンスだ。多分立花さんもそこを狙っていくのではないかと思う。でも18も候補者を立てるのは大変だから、ここでいろいろな人が頑張って、無投票、対立候補がいなさそうなところへ行ったら、結構チャンスになるかもしれない。それはそれで、兵庫県の中で面白い話になるかもしれないと思う。

ということでワイドショーの話だが、これは大変だ。みんな手のひら返しをするか、もしくは突っぱねて、以前に言ったことをなんとなくごまかすのかは、コメンテーターや番組次第。

手のひら返したというか、意見をガンと変えちゃったのは前明石市長の泉房穂さん。あの人なんか、「すいません！　間違えました！」って言って。番組に対しても「こんなのじゃダメです」なんて言って。あの人は波乗りがうまい人だよ。

そうじゃない人もいて、テレビ朝日「モーニングショー」の玉川徹さんなんかは、「メディアは法律で縛られて……」とか、フジテレビの「めざまし8」の立岩陽一郎さんは「まだメディアは負けてない」みたいなことを言っているけれど。この立岩さん、確か齋藤知事に対して「人殺し」発言をしている人だったけれど、どうするのか？　あれ下手に訴えられたら負けちゃう可能性がある。まあ齋藤知事は、もうそういったところでけんかをしたりはしないで行くだろうという気はするけれど。

だからテレビのコメンテーターの人は、安心して叩けると思って齋藤知事を叩いていた人が多いのではないか。今回底の浅さが出てしまった。玉川さんは、メディアは法律に縛られているなんて言うけれど、本当かね？　これは違う。メディアの一応公式見解なのかは知らないけれど、放送法には縛られていなくて、自分たちは自主規制しているってのが建前のはずだ。

――ああ、自主規制なんですね。

放送法ではないという言い方。メディア関係者なら、放送法と関係なく自主規制をたくさんしていることをみんな知っているはずだが。みんなそれぞれのところで過剰な自主規制をしている。特に選挙の時には後で突っ込まれたらイヤだからということで、過剰な自主規制をしている。玉川さんは何を言っているのか。本当に信じられない。

こういう嘘をつくからメディアは信用されないんだ。

ちなみに玉川さんで言うと、私が内閣官房参与の時に給与をもらっているという話を地上波で流されたけれど、私は受け取っていない。給料が出ることは出るけれど、私は最初に参与になる時から給与を受け取らないとはっきり言った。どうやって受け取らないかと言うと、給与の振込口座を内閣官房に知らせなければ振り込みようがないからおしまい。だから内閣官房の方が、ここに口座を書いてくださいって言ってきたんだけど、給与いりませんからと言って、全部返した。

公用車も使えるんじゃないか、公用車を使っているんじゃないかという話もあったけれど、私は一回も使ったことはない。官邸に行く際は全部タクシー、全部自腹。

この話を、テレビ朝日の記者が官邸に確認に来ている。官邸の方はもうみんな知っているから、「髙橋は一切給与も受け取っていない、公用車も使っていない、ちなみに個室も使っていません」と答えている。私が官邸に行った時は共用の応接室にいた。他の参与の人は結構個室にいたけれど。で、共用応接室にいると係の人が私にお茶を出してくれる。だからお茶は飲みました（笑）。お茶しかもらっていない。

こんな話をテレ朝はちゃんと取材しているはずなのに、一切謝罪もなし、訂正もなしだった。こういういい加減なことを言っているから、マスメディアは信用されないんだ。

――ワイドショーでは、SNSのデマでみんなの投票行動が……みたいな論調のVTRとか流れますよね？

どっちがデマを言っている人が多いかという話だ。客観的に言うと、SNSにもデマがあり、普通のメディアもデマがある。どっちもある。それをみんな分かっているから、デマかもしれないということを頭に入れながら情報を受けて投票したんじゃない？

SNSには全然デマがないとは言わない。はっきり言えばSNSのほうがデマが多いかもしれない。けれど、SNSでデマをやると、すぐ「デマだ」って言われて消えちゃうんだ。そういう意味では、SNSのほうが競争が激しいから叩かれやすい。

でも、マスコミは各メディアカルテル体質みたいになっていて。全部一緒になってやるから、相手メディアの批判なんかほとんどないじゃない？

それぞれ各メディアがいい加減なことを言っていても、なかなかチェック機能が働いていないんじゃないかと思う。

SNSはいろいろ叩かれる。コミュニティノートみたいなものもすぐにつく。でもメディアにそういうものはつかない。現に「メディアは法律で縛られているから」なんていう発言が、嘘じゃない？

――SNSなら、そこにコミュニティノートがつきますね（笑）。

こんなのすぐつくに決まっている。自粛規制やっているだけでは？　って言われて終わり。レベル的に話にならない。メディアのほうがぬるま湯的だと私には思えるけれど。これはもちろん人それぞれだろうし、私の意見が100%正しいとも申し上げないけれど、メディアの方が正しいっていう前提でしゃべっていることと自体、ほぼ虚構じゃないですか？

（2024年11月20日）

齋藤知事を公職選挙法違反で告発！ 残念、いつもの人たち

――「齋藤元彦知事とPR会社代表を公職選挙法の疑いで刑事告発、元検事の弁護士と大学教授が告発人」というニュースが流れてきまして、この問題、一向に収まる気配が見えないんですすが。

元検事というのは郷原信郎《のぶお》さんで、大学教授は神戸学院大学教授の上脇《かみわき》博之さん、頭にバンダナを巻いている方ですよね。この手の選挙になると、この人たちはいわば告発する常連。告発したという記事はすごく多いけれど、その後受理されたのは結構少なくて、さらに立件されたのはほとんど聞いたことがない。誰かが受理率や立件率を計算してくれたら面白いと思うよ。まずは受理されるかどうか、そして受理された後で立件されるかどうかがポイントだから。私はそこまでやる気力も時間もないんだけど。

ワイドショーで選挙法について、ああでもないこうでもないといろいろな人が言うから、私が少し考えを言うと「それは違う」なんてたくさん来る。いちいちそれに答えるのが面倒くさいから、最終的には誰かが告発してくれたら答えはすっきりわかると何回も言ってきた。私は別に捜査当局でもないから、こういうこともありえる、くらいにしか言っていないし、法律議論をするつもりも全くない。だから、ついに実際に告発してくれた、という話。これは正直に言って想定内。多分こういう方が出てくるんじゃないかなと思いつつ、でもこのタイミングで出てきたのはちょっと早いのかなって正直思ったけれど。

考えられるひとつの理由は、立花孝志さんが公用PCの中身をちょっとずつ外に出してしまっているんだ。このままいろいろなものが出てくると、困る人もたくさんいるんじゃないかな？　もちろんテレビ局も困る。いろいろ出てきた時に報道できないという状況になるから。

こういう形で告発があれば、あとは司法の手に委ねるということで、ひとつの区切りにはなりそうだ。告発があったことと立花さんの公用PCの中身の暴露が同じような時期に起きて、それとともにテレビでの兵庫県知事の話が急速にクールダウンしているというか。

――もうしぼんでしまうんですか？

しぼんでいるでしょ、現に。全然ワイドショーも取り上げなくなっちゃって。立花さんの公用PCの開示と、「常連さん」たちの刑事告発が相まって急速にワイドショーでの取り上げが減っているっていうのは、ちょっと面白い。3つに関係があるかのように思えるくらいにシンクロしている。

私はこの「常連さん」が刑事告発することは読んでいたし、普通に読める。今までもやっていたことだから。

ちなみに2024年1月には、2022年の長崎県知事選をめぐって長崎県知事を公職選挙法違反で告発している。選挙運動の報酬としてコンサルタントに400万円を支払ったのは事後買収だと訴えていたんけれど、今回も似たような形の訴えだとすれば、金額は70万円でしょう？　400万円の結果がどうなったかと言うと、告発は一応受理されたけれど、最終的には嫌疑不十分で立件されていない。70万円の今回は果たしてどうなるか。

私はこの話を説明する時に、「400万円でもなかなか立件に至らなかった案件ですね」と言ったことがある。直近のよく似た事案として長崎の話を紹介したわけだけど、すると「適用条文が違う」とかいろいろなこと言われる。でもこういう事例があることは事実だし、適用条文が違うと思うなら、条文をきちんと変えて皆さん告発されたらいい。そうすればすっきりする。

でも、これでおそらくテレビ局は救われたと思う。

――テレビ局が救われた？

そりゃそうでしょう。案件をやるといっても、もう司法に委ねていますという話になれば、積極的にやる意味やメリットはなくなる。

テレビのワイドショーの人たちも、公職選挙法でいろいろ訓垂れる話もいらなくなるじゃない（笑）。うんちくを傾けながら訓垂れていたけれど、司法の動きを見ることで答えがわかるじゃない。ある意味でこれでハッピー。テレビ局もハッピーですっきりするし、公職選挙法の話もすっきりする。テレビのワイドショーでも取り上げなくなるのではないかと見ている。

――それでも、こういう人たちは不起訴となると、またそれはそれでギャーって言い出すのでは？

不起訴になったらなったでいつも定番がありまして。検察審査会といって、そこで2回ぐらいやる（笑）。もう大体定番パターンですね。受理しなかったらしないで、「不当だ」っていうアピールはまたやる。

――2回ぐらいまで行って、やっと終わり？

そう。全部終わるまでに1年近くはかかるから。その間にいろいろとクールダウンというか、冷静になれる期間を持てるということでは意味があるんだけど。

それにしてもこのお二方、告発するのは結構簡単なんだよ。郵送でOKだから。

――あ、そんなもんなんですね。

そんなもの、今は。でもいいよね。告発しただけでニュースになるんだから。私の観点だと、たくさん告発しているわけだから、告発しただけではあまりニュースにはならなくて、受理されたらニュースになる、立件されたらもっとニュースになるという感じだけど。告発状を出しただけではちょっとニュースバリューはない。この方々は年中やっているから。

――極端な話、出すだけだったら、嫌がらせでも出せるということですか？

まあね。でも嫌がらせみたいに出せば、受理されないで終わってしまう。さすがにこういう方々は慣れているから受理ぐらいはされるんじゃないかという気はするけれど。受理された後でも、前の長崎県知事の話を見ると立件されなかったし、立件されなければ何もなかったということですけどね。

（2024年12月3日）

ユニクロ柳井氏に日本経済を語らせる愚かな日経

――毎日新聞の2024年9月9日付に、「『日本人滅びる』論争、柳井氏発言に賛否　前沢氏、三木谷氏らが見解」という記事が出ていました。

「このままでは日本人は滅びる――。『ユニクロ』を展開するファーストリテイリングの柳井正会長兼社長の発言がインターネット上で論争を呼んでいる。衣料通販『ZOZO』の創業者、前沢友作氏が『僕は逆のように感じる』と反論するなど、大物経済人の間でも意見が分かれている。

柳井氏の発言は8月下旬の日本テレビのインタビューで飛び出した。柳井氏は『少数精鋭で仕事するということを覚えないと日本人は滅びるんじゃないですか』と問題提起。『労働生産性が高くなるようなことをやっていかないと、今からの日本はやっていけない。どんどん人口が減っていったら、公共や民間でサービスを受けられなくなる可能性がある』などと現状の日本の生産性の低さに危機感を示した。労働力が減る中で生産性を上げていくには、諸外国のように管理職や研究開発を担えるような移民の受け入れが必要との持論を展開した」……ということで、前沢さんや三木谷さんが反対意見を述べているというので、ネットが今ざわついている感じなんですが。

これ、柳井さんは前からこうだ。三木谷さんは、「日本人は働かないけれど他の国はどんどん働いているから労働時間規制を撤廃せよ」という言い方をしている。前沢さんは「外国人ばかり入れると大変だから、日本人中心でいいんじゃないの」という感じ。たしか前沢さんが英語で書いたツイートをイーロン・マスクにリツイートしてと頼んだら、マスクからは日本語で書いた方がカッコいいって言われてうれしかったという話があって、外国人を入れて生産性を上げるより、日本人がもっと主体的になったほうがいいという考え方だよね。確かに最近だと、アメリカのエミー賞を取ったドラマの「SHOGUN」なんて、アメリカの作品なのに台詞《せりふ》の7割がたが日本語だから。もう言葉の壁は高くない。

要するに柳井さんは「安い労働力のために外国人を入れよう」、三木谷さんは「もっと働けよ」、前沢さんはもう自分が経営者ではないから「日本人でもいいいんじゃない?」と言っていて、つまり三者三様に自分の企業の経営を話している。

企業の経営の話には、実は答えがない。はっきり言えば好みの世界、どういうやり方が経営しやすいかという話であって、これを日本全体に拡大して考えるのが実は間違い。個々の企業の話は日本全体に広げられない。

個々の企業の話、広げて業界の話であっても、経済学でいうところのミクロ経済の分野であって、日本全体の生産性の問題はマクロ経済の話、ロジックが全く違う。

経済学を勉強しないと、「マクロはミクロの積み重ねだから」なんて勘違いするけれど、全然違う。

例えば日本の経済で30年間生産性が落ち続けたのは事実だけど、その解釈はマクロ経済から見たら簡単。年中言っているけれど、金融引き締めが続いて設備投資が出ず、政府投資も出なかった。民間投資も政府投資も出ないと結果として生産性が上がらなくなる、それだけだ。

投資が出なかったことは大問題。でも、それを経営者の人たちはマクロの話を抜きにして生産性の話から入ってしまう。自分の会社だったら「もっと働け」と言ったり、「外国人入れる」と言ったりする。生産性向上のために外国人を入れるというのは、人件費が下がるという意味では分かるけれど、「もっと働け」となると、生産性の測り方は人×時間だから、かえって下がってしまう。

個々の企業でどちらを選択するかは全くいろいろなパターンがあるというだけで、国全体の話としては関係ない。マクロで投資を増やさないと実は技術進歩は企業に埋め込めないから、投資を増やすという答えしかないけれど、こういう経営論では絶対その話には行きつかない。

だから、皆さんの話は残念ながら経営論であって、日本経済論にはならないというのが答え。働き方改革に話を持っていっても仕方がない。経営論は自分の企業でできることを考えるのであって、外国人を雇うか、もしくは長時間働かせるかという答えは、日本経済全体と関係ないという認識をした方がいい。

経済人がしゃべると、あたかも日本経済を見通してしゃべっているかのようにマスコミも勘違いする。なぜならマスコミはマクロ経済とミクロ経済の違いがわからないから。

特にマスコミは自分で記事を書く時に、「こういう事例があるから」という流れでいきなり日本経済の話をするけれど、本当は間違い。何かの事例があるから日本経済がどうのこうのでは、当たっている時もあるし当たっていない時もあることになる。

でもマスコミの立場から見ると、マクロ経済の話は抽象的で記事が書けないから、具体的に描写できる目の前の話を書きたがるけれど、それはあくまで半径2mの話であって、マクロ経済の話とは関係ないことが多んだよ。

――そもそも柳井さんに聞くこと自体が間違っている?

そう。経営者に日本経済の話を聞いてはいけない。企業の話しか出てこないから。それをあたかも日本経済の話のように結びつけてマスコミが書くからみんな勘違いする。

経営者なんだから、みんないろいろな意見出すに決まっている。日本人がいいか外国人かいいかなんて好み。経営者は自分の企業の話を制度に結びつけて自分たちに有利になるように運ぶわけ。柳井さんから見れば、移民政策をどんどんやってくれれば自分たちの採用活動が簡単になると思っているだけだ。三木谷さんが「労働時間規制なくして欲しい」というのは、そうなればどんどん働かせられて自分の経営が楽になる考えているだけ。だから企業経営者に政策論を聞くと、牽強付会な、自分に都合のよい話が出がちになるというわけだ。

――確かに、都合のいいことを言っている感じですね。

当たり前だよ。せっかくマスコミ出る時に、自分の会社に都合の悪いことをしゃべるわけない。いかにアピールするかがポイントだからアピールしているのであって。時々勘違いした政治家が、「これこそ日本経済の処方箋だ」と勘違いして取り上げる人もいるけれど、それは間違い。企業経営者に媚びて、自分に任せれば企業発展しますって言いたがる政治家が多い。

本当はマクロ経済の分野なので、「投資を出す」が答えだけど、企業経営者の立場では自分の企業が投資するかしないかは自分の判断だ、で終わりだよ。そういうのはなかなか政策論にならない。

企業経営者はそれぞれの思惑でしゃべっているだけで、決して日本経済のことを考えて言えるわけではないと考えるべき。マスコミが経営者の話を大きく取り上げて、日本経済論みたいに仕立てているのが間違い。いろいろな答えが出てくるに決まっているじゃない。

それで、こういう話を私がマスコミにすると、多分ボツになる(笑)。だってこれ、マスコミ批判しているようなものだからね。実はこの件についてあるマスコミにこう答えたけれど、おそらくボツだ。

(2024年9月23日)

川口のクルド人問題、日本人を批判的に報じるのは変だろ!

——月刊「正論」2024年10月号で、「川口クルド人問題を新聞・テレビはなぜ報じない」という記事を見かけました。

「川口クルド人問題を知らない人は、かなり少なくなってきたのではないでしょうか。近年、トルコからクルド人が大勢、日本の埼玉県川口市に移住してきて、暴力的な行為や騒音などで、地域住民に不安や恐怖を感じさせている問題です。地元住民やインターネットの一部ユーザーでは有名だったのですが、大手メディアではほとんど報じられてきませんでした。しかし、産経新聞が昨年から、インターネットメディア『産経ニュース』や新聞紙面などで報じ始めたら、一般的にも大きな問題として認識されるようになってきました。

ただ、ほかの新聞やテレビなど大手メディアは相変わらず、これを無視しています。『外国人との共生社会』の理念に反するという理由なのでしょうか、ほとんど報道されないのです。こうした報道姿勢は果たして正しいのでしょうか。共生の理念を守るためとはいえ、現に存在する大きな社会問題が無視されていいのでしょうか」……ということなんですが。

これ、本当に「正論」だ。私の家も実は川を挟んで川口と接しているから、関心はある。たまに車で川口のほうに行ったりすることもある。

するとちょっと変わった車が多くなっているような気もしていた。川口の住民ではないからそこまで明確に意識はしてないけれど。でも、ひょっとして川を超えてこちら側に来たらどうしよう? なんて思わなくはない。そういう意味で、関心というか、心配はある。同じ埼玉県でも、蕨市や浦和の人もすぐ近くだから、川口の回りに住んでいる人はどうなってしまうのか、みんな気になっていると思う。

みんなが思っている時には、マスコミも報道したほうがいいのではないかと思うけれど、なぜ報道しないのかよくわからない。

マスコミ側に先に理念があって、報道しない自由があると言うけれど、本当は食らいつきのいい話を報道するほうがいいと思う。地元住民が全然関心がない話なら報道しなくていいと思うけれど、それなりに関心がある話を報道することがメディアでは最優先されるべきだと思う。理念とか関係なく。

――そんな中でも、NHKは偏向報道だと今話題になっています。クルド人へのヘイトがあり、かえって日本人側を批判している報道があって、結構ネットではざわついていますが……。

NHKはちゃんと報道していないのでは？　どこかの病院かなんかでクルド人が騒いでいたとかいう話がたくさんあるし、女性に乱暴を働いたとか、そういう話も実はある。

ここで少し変なのは、警察がどちらかというと被害を受けているほうの日本人に向かって悪いと言い、クルド人のほうにはあまり言わない、外国人だから検挙した後言葉の問題で面倒くさいということがあって消極的なのではないか……と言っている人もいる。

住民が不安に思っているのなら、自治体のトップの人も何か対策をすべきなんだろうけれど、ここの自治体のトップの人は、「共生社会」を推進している。自民党の人だけど、ものすごい推進側なんだ。だからそのあたりが問題なのではという人もいる。

ジャーナリストでこの問題を取り上げている人もいるけれど、でもマスコミが報道しないというのは、これだけ問題が大きくなっている今、不思議な気がするけれど。

――これ、元々は難民申請の問題？

基本はそう。難民でも、いろいろ違法な行為をしたら強制送還すればいいんだけど、日本はあまりしない。

――どうしてなんですか？

日本では今までここまで数が増えるようなケースがなかった、ということなんだろうけれど。ヨーロッパを見ると、ある一定数まで外国人が増えると問題が大きくなるとはよく言われているけれど、日本人には実感としてあまりないかもしれない。

日本が「共生社会」なんて言っているのは、お気楽といえばお気楽。今にそんなことは言っていられなくなるかもしれない。

――これは今、移民を入れようという流れを作ろうとしている人たちがいるから？

そうだろう。外国人労働者を必要としている人はいるから。クルドの人たちは解体とかいろいろと仕事をしているわけだけど、それを産業としては欲しいという背景が、一面ではあるのかもしれない。産業界の要請というのは結構あって、もともと川口は鋳物の町だし、いろいろクルド人が活躍する場がなくはない。

あちらの方を車で走っていると、すごい積み荷というか、日本人では絶対しないような危ない積載量のトラックを時々見る。

ああ、これはあちらの人たちだなというか、これもう、完全に交通法規を無視しているという気がするけど、結構見るよ。そういう解体関係などにクルド人が一定数いて、そういう企業がたくさんあるからという理由が背景にあるんでしょうね。

――解決する方法はあるものでしょうか？

ひとつは入管法でしっかり移民なり外国人をコントロールすることに尽きる。そうしないと、固まってコミュニティーを作られたら大変だというのはどこでも分かっている話。コミュニティーを作られると、日本の法規を無視して、ひとつの社会になる。海外ではそういう事例があるけれど、日本は今まで許してきたというところがあるのではないか。

コミュニティーの話になると、今までの日本では韓国と中国だけだったから。韓国は特に歴史的な背景もあるから仕方がないと思っていたけれど、でも世界から見れば、日本はやりたい放題だ、難民が悪さをしても強制送還されないし、下手すれば日本で社会保険などの面倒も見てもらえる、結構居やすいという評判が世界で広まると危ない。だって、クルドから来る人は飛行機代を払って来られる人だからそれなりに金はあるはずだ。はっきりいって。難民というのは少し変な感じがするけれどね。

（2024年9月6日）

髙橋洋一（たかはし　よういち）
株式会社政策工房会長、嘉悦大学教授。1955年、東京都生まれ。東京大学理学部数学科・経済学部経済学科卒業。博士（政策研究）。80年、大蔵省（現・財務省）入省。大蔵省理財局資金企画室長、プリンストン大学客員研究員、内閣府参事官（経済財政諮問会議特命室）、内閣参事官（首相官邸）などを歴任。小泉内閣・第１次安倍内閣ではブレーンとして活躍。2008年に『さらば財務省！』（講談社）で第17回山本七平賞を受賞。『安倍さんと語った世界と日本』『髙橋洋一のファクトチェック2024年版』（共にワック）、『財務省亡国論』（あさ出版）ほか著書多数。「髙橋洋一チャンネル」をYouTubeで好評配信中。

髙橋洋一《たかはしよういち》のファクトチェック2025年版《ねんばん》
フェイクとおバカの見分《みわ》け方《かた》

2025年３月27日　初版発行
2025年４月12日　第２刷

著　者　髙橋 洋一

発行者　鈴木 隆一

発行所　ワック株式会社
東京都千代田区五番町４-５　五番町コスモビル　〒102-0076
電話　03-5226-7622
http://web-wac.co.jp/

印刷製本　株式会社 DNP 出版プロダクツ

ISBN978-4-89831-920-8

好評既刊

言霊《ことだま》の日本史

井沢元彦

B-418

『万葉集』は言霊思想によってできたが、「平和を唱えていれば軍隊はいらない」という悪弊も生じた。今も日本人の思考を縛る言霊とは？

ワックBUNKO　定価1100円（10%税込）

われ、目覚めよ！

橋本琴絵

B-419

いま世界は「情報統制」の時代に向かいつつある。何が真実の情報なのか見定める力は、結局のところ自分の目でしかない。本書で刮目せよ！

ワックBUNKO　定価1100円（10%税込）

ヤバイぞ日本 中国の「侵略」を直視せよ！

佐々木類

B-416

いまや中国共産党支配下の在日中国人が八十四万人も。かつては「静かな侵略」だったが、中国の目に見える侵略が日本に迫っている！

ワックBUNKO　定価1100円（10%税込）

http://web-wac.co.jp/